哲學輕鬆讀

韓非，快逃！

李賢中 著

三民書局

國家圖書館出版品預行編目資料

韓非，快逃！ / 李賢中著.－－初版一刷.－－臺北市:
三民, 2016
面; 公分.－－(哲學輕鬆讀)

ISBN 978-957-14-6090-1 (平裝)

1.(周)韓非 2.韓非子 3.學術思想 4.研究考訂

121.67 104022784

© 韓非，快逃！

著作人	李賢中
企劃編輯	蔡宜珍
責任編輯	江科翰
美術設計	黃顯喬
發行人	劉振強
著作財產權人	三民書局股份有限公司
發行所	三民書局股份有限公司
	地址 臺北市復興北路386號
	電話 (02)25006600
	郵撥帳號 0009998-5
門市部	(復北店) 臺北市復興北路386號
	(重南店) 臺北市重慶南路一段61號
出版日期	初版一刷 2016年1月
編號	S 100340

行政院新聞局登記證局版臺業字第〇二〇〇號

ISBN 978-957-14-6090-1 (平裝)

http://www.sanmin.com.tw 三民網路書店

※本書如有缺頁、破損或裝訂錯誤，請寄回本公司更換。

哲學人的哲學事——序言

Q遇見哲學的那天：

那天是13歲的某一天，國中一年級，揹著書包，在上學的路上，在心中自己問自己：我為什麼要上學？我是誰？為什麼活著？……我翻山越嶺，長途跋涉繞了許多路，拐了許多彎，經過十年之後，這些問題有了一些初步的答案，但仍然無法令人滿意。其實，我早就遇到了哲學，直到23歲進入大學才慢慢認識她。

在成長的過程中，每個人都要面對一個接著一個的問題——這宇宙萬物究竟是怎麼一回事？萬物何來、何往？人生何去、何從？自己的人生要如何開展？真正的興趣是什麼？該選讀什麼科系？該選擇什麼職業？尋找怎樣的伴侶？……許多的問號不斷浮現在人生的旅程中。

記得三十多年前的我，對於自己的前途感到茫然，雖然當時讀的是頗熱門的電子工程，但我並不確定自己將來是不是要從事電子相關的行業。我常常會在報紙上「事求人」

的小廣告中，尋找自己將來可能投入的行業，可能會過的生活，但是一些想像的畫面還是模糊不清。後來，發現如果我不能確定自己的真正興趣，明確地知道「我是誰？」其他的問題都無法解決。

在許多可能的答案中，比較合理的答案是：「我是一個有思想的人。」我會思考許多問題，於是我開始對心理學感興趣，希望透過心理學的知識幫助我瞭解人、瞭解人的思想究竟是怎麼一回事。經由心理學的媒介，我才遇到了「哲學」。因為心理學是從哲學分出來的一門學問，其實不只心理學，許多自然、社會、人文的學科都是從哲學中分化出來的，哲學可以說是「學問之母」。

哲學對我而言，像一個永遠離不開的初戀情人，遇見她就迷上她。她會告訴我許多問題的想法與答案，她也會問出一些其他學科不曾問過的問題。例如：政治、經濟、教育、法律都與人的行為有關，但「人」是什麼？許多學科都包含著各種不同的知識，但「知識」是什麼？每一種學科的知識都自以為真，但「真」是什麼？而這些問題，「哲學」都會從方方面面不同的角度告訴我。和「哲學」這個情人在一起，很難不打破砂鍋問到底，就在這問來問去、問去問來的過程中她成了我的最愛。

可是，「哲學」她雖然很會探問終極的問題，但是卻很難給出令人完全滿意的終極答案；她給出了古今中外大哲學家們的一些想法，但那些主張卻又不是最後的定論。由於她曾號稱「學問之母」，她有著既深又廣的內涵，她的基本性格是理性、客觀、又常常嚴格要求普遍、全面，因此在與她交往的前幾年，我不是沒有和她分手的念頭，只是當我一開始動念「為什麼」要分手時，不自覺地又投入她的懷抱，哲學就是有她那種說不出來的奇妙魅力。

雖然許多不瞭解她的人，認為哲學是十分冷門的學問，與現實生活距離遙遠，但是對我和一些喜歡思考的朋友而言，哲學才是我們生命中的「大熱門」，只要活著，就離不開她。

Q 哲學對作者的意義：

一片綠色的拼圖，你不知道那是什麼，一片紅色的拼圖，你也不知道那是什麼；可是一些綠色與紅色的拼圖拼在一起，讓你看出了那是紅花綠葉，你就可以清楚地肯定那原本一片片紅、綠拼圖的功能與作用。當你繼續把其他相關的拼圖拼湊起來，你會發現這一簇紅花綠葉竟然綻放在大樓的陽臺上，都市叢林中的自然景觀，這時你就會瞭解那原本一片片的紅、綠拼圖有什麼意義。

人生不也是如此，過去的堅持、現在的努力，都像一片片的拼圖，若不相對於未來的目標、整體的人生，又怎能看出它的意義？人生存於天地之間、生活在人與物之間，若不能體會宇宙萬物的整體究竟，又怎能看出人生目標、理想的價值？許多人活了一輩子，還搞不清楚為何而活，活著要做什麼，糊里糊塗來到世間，吃喝拉撒一生，隨著欲望起伏升降，再嚥下最後一口氣。有些人不一樣，他會鍥而不捨尋找宇宙的真相、他會追根究底探問生命的意義、生活的目的。他好像拿著幾片拼圖，就開始嘗試著拼湊宇宙人生的全貌，隨著人生閱歷的豐富、生活經驗的累積、各種知識的增加，他手中的拼圖越來越多，拼湊出宇宙人生全貌的可能性也越來越高；古今中外的哲學家正是這一類的人。我們若只靠自己有限的經驗，能拼出的圖貌有限，我們若能藉著哲學家他們智慧的累積，讓我們看到他們對於相同哲學問題的不同解答，對於相同答案衍生出的不同提問，都會有助於我們去把握宇宙人生的究竟。

人是追求意義的存在者，意義必須相對於整體的把握才能呈現。哲學是探索宇宙萬物的根本究竟、人生整體意義的一門學問。對於整體把握的任何可能性都值得嘗試，因為生命的奧祕、人生的意義、「知」的渴望，都與整體的把握相關，而「哲學」這追求真理的愛智之學，為我們提供了掌握真理的可能性。

哲學浩瀚無涯，要從何處入手？或許可以從你自己曾經想過的問題入手，看看哲學家對這問題的主張如何。當然，也可以從較多人關心的哲學問題入手，聽聽哲學家們對於相同問題的不同看法為何。哲學鼓勵人們有獨立的思考，當你看過、聽過、想過哲學家們的宏論之後，哲學思考的舞臺就換你上場了！

Q 本書特別之處：

看一場電影與聽一人獨白有什麼不同？瞭解一位哲學家的思想，是讀他的著作還是觀察他與別人的對話？

電影中有許多影像、有許多角色、有許多對話、也有許多劇情；觀察人們的對話，其中有認同、有質疑、有挑戰、有批判，可以呈現許許多多的觀點，使思路更加開闊。我想大多數的人喜歡看電影，而不喜歡聽獨白；比較感興趣的是聽聽有關主角思想的故事，再思考故事中的寓意。因此，這本介紹韓非哲學的書，首先是透過他與先秦哲學家們的對話，來展現韓非思想的特色。其次，根據《韓非子》書中的故事，分門別類地介紹他思想中的重要概念以及其中的道理，由讀者自己構作故事中的人物、場景、氣氛，筆者再略為解讀其中的寓意，讓其中的道理，以故事的方式串聯在一起，希望帶給讀者生動有趣的閱讀經驗與思考空間。第三，以口語的方式書寫，向讀者們介紹韓非思想整體性的理論架構以及應用方法，主要是針對韓非對於歷史、人性的主張所衍生出的法治、術治、勢治及道治思想，並將這些思想應用在管理上。最後，對韓非思想的現代意義進行反省。

本書為何要以「韓非，快逃！」為名？「快逃！」是在一種緊急狀況下的提醒，提醒韓非，有人要陷害他。從韓非生平事蹟來看，他的確被李斯陷害，短命而亡，如流星殞落。

從韓非思想內容的影響力來看，韓非集法家之大成，所發揮的影響力巨大，成就了秦國的統一霸業，但是很快又被推翻。以法家為主導的思潮也就從歷史舞臺上退位，逃向儒皮法骨或陽儒陰法的隱密之處了。

「韓非，快逃！」的語氣是一個朋友對他的告誡，本書的寫作方式之一，就包含著他和幾位不同學派代表者的對話。他們談到最後的共同處，都會勸韓非「快逃！」因為從各學派的觀點來看，與韓非的思想都是無法相容的。

從中國文化的主流價值體系看「韓非，快逃！」是指出韓非的思想不容於儒家的仁義道德傳統；因此，許多歷代學者對法家思想多予否定，並被要求快快退場；至少表面如此，但表面之下又是怎麼一回事呢？

今日的我們要怎樣看韓非的思想？那是變動環境中、人類互動下的求生之道？還是切割時空、扭曲人性的偏激思想？本書希望提供讀者們一些不同的觀察角度，從不一樣的思想深度來瞭解韓非的思想。

Q 還有一些話要說：

這本書的完成，要感謝三民書局編輯部同仁的催生，將「韓非」納入「哲學輕鬆讀」系列中，從邀稿到完成，前後有兩年多的時間，在我繁忙的教學、研究工作之餘，抽出時間構思、錄音、撰寫，其間有臺灣大學哲研所博士班的馮鳳儀同學，協助將錄音檔打成字稿，在此致謝！

有人說，韓非的思想刻薄寡恩，最好不要碰它，免得受到壞的影響，自私自利，人性的黑暗面，詭詐、陰險、惡毒、凶狠的手段比比皆是，因而避之猶恐不及，不值得學習。實際的情形真是這個樣子嗎？待讀者看完此書再做評斷吧！

李賢中
於臺灣大學哲學系

韓非，快逃！

目次

哲學人的哲學事——序言 1

◆壹、韓非，快逃！ 2

一、韓非生平 8

二、韓非與荀子談人性 12

三、韓非評慎到、儒者，論任賢與任勢 19

四、韓非與墨者的對談——只有我殺人，沒有人殺我 24

五、韓非與儒者談「仁」 28

六、韓非與隱者談道論法 35

◆貳、從故事說道理

一、法的故事 36
二、術的故事 47
三、勢的故事 71
四、利害相爭的故事 85
五、臣以事君、君以御臣的故事 99
六、待人處事的故事 109
◆參、韓非的人性管理 117
一、歷史的發展是進步還是退步？ 118
二、面臨抉擇，絕大多數的人會利人還是利己？ 127
三、如何管理這一群利己之人？ 134
四、立法的目的為何？又該如何立法？——法 144

五、對於管理階層要如何管理？——術 151
六、管理者你憑什麼管理？——勢 163
七、誰贏得了相撲大賽？——道 171
肆、韓非思想的現代意義 177
一、韓非要是活在今天，他還會用他這套法家哲學嗎？ 178
二、現代社會還需要法家哲學嗎？ 187
三、如何運用法家哲學？ 195

壹、韓非，快逃！

一、韓非生平

韓非，滿腔的抱負與理想，可惜懷才不遇、不被韓王所重用。他年輕的時候，曾經到齊國稷下學宮，拜荀子為師。荀子是儒家的大儒，他當時的地位就相當於現在臺灣中央研究院的院長，在齊國稷下學宮，各國的知識份子都齊聚到他這個地方來，成百上千人在那個地方研究學問與治國方略。韓非的師兄李斯，比韓非早到稷下向荀子學習。

李斯在他家鄉楚國上蔡，做個當差的，在他工作場所附近的廁所中，他觀察到一些老鼠吃著骯髒的東西，當人或狗經過的時候就嚇得躲起來，又瘦又乾。可是李斯經過米倉時他發現到，倉庫裡面的老鼠，又肥又壯；在大倉庫中也沒有人或狗的騷擾。他看到這些景象之後，想想自己的處境，不禁悲從中來；他想到自己不就像廁所裡的那些老鼠嗎，又瘦又乾、又窮又困，只能做一個小小公務員……後來沒多久，他就下定決心，跑回家告別他的老母與妻小，一個人直奔到齊國稷下，拜荀子為師。

經過了一段時間，有這麼一天，李斯突然間聽到馬蹄聲，由遠而近，他遠眺窗外，見到一位翩翩美少年，那少年身穿白色的貴族服飾，騎乘於白馬上，由一個馬僮牽引著緩緩走進學宮大門。沒想到學宮的祭酒荀子，居然還到門口去迎接他。李斯的心裡很不是滋味，心想「是什麼人物，居然連我們老師都親自到門口來迎接他？」李斯心中正嘀咕著，只見那白馬少年優雅地下了馬，向荀子打躬作揖說道：「拜拜拜……拜拜拜，拜見老師。」哎呀，這個時候，李斯心裡一陣舒坦，他不再那麼嫉妒那白馬少年了，因為「原來他不過是一個口吃、結巴的小子罷了。」李斯暗暗譏笑著。

沒錯，來者正是韓非，他的確是一個結巴的人，言談口吃，講話講得不太清楚，可是他文章寫得很好，是很有思想的一個韓國貴族公子，他見韓國積弱不振，聽聞荀子在齊國收徒授課，於是他不辭路途遙遠，到齊國來拜在荀子的門下，向荀子學習經世治國的大學問，當然，也就與李斯成了同門師兄弟，同窗數載。

匆匆幾年過去，李斯學成之後離開了齊國，輾轉任職於秦國，受到秦王的重用，就在那兒平步青雲，升上高官；而韓非呢，學成了之後，回到自己的國家不斷地上書韓王，苦心勸韓王要怎麼樣厲精圖治，怎麼樣才能讓韓國富強起來，但上書始終石沉大海，未受重視。

韓國，在春秋時代，原來不過是晉國的一部分，後來三家分晉，從晉國分出了韓、趙、魏三個國家，只有在申不害做韓國宰相的十幾年之間，韓國國勢穩定，之後則始終受到大國的威脅。因那韓國正好是處在秦國、楚國、魏國等列強間的一個小國，安危堪虞，所以韓非就常常上書韓王，指出國君如果無法識人用才，國家必定亂亡。在《韓非子・顯學》篇中，韓非列舉了韓國一些與法治理念相悖的現象，他說：「假定一國的君主，他所欣賞的是那種堅決不進入危險地區，不參軍打仗，不願拿天下的大利來換自己小腿上的一根毫毛；看重這種人的見識，讚揚這種人的行為，並且認為他們是輕視財物、愛惜生命的高人，值得尊重。可是，在法治賞罰的標準下，君主所以把良田和豪宅拿出來作為賞賜，又設置官爵和俸祿，為的就是希望民眾為國家去拼死效命；現在君主既然尊重那些輕視財物、愛惜生命的人，再想要求民眾出生入死，為國事作出犧牲，那就根本不可能了。」

韓非繼續闡述，另一種常被君主欣賞的人是：「收藏書冊，講究辯說，聚徒講學，從事文章學術事業，又喜高談闊論的人，君主認為這些遊說之人是賢士。然而，官吏們徵稅的對象是種田的人，而君主供養的卻是那些著書立說的學士。如此，對於種田的人徵收重稅，對於學士卻給予厚賞；這樣，再想督責民眾努力耕作而少說空話，根本就是不可能的。」

還有君主欣賞一種講求氣節的人，「他們一副堅持操守而不容侵犯的樣子，自以為高明，聽到別人對他的批評，立刻拔劍而起；君主卻禮遇這樣的人，以為這是愛惜自我的表現。然而，對那些在戰場勇敢殺敵立功的人卻不予獎賞，對那些逞凶鬥狠、喜報私仇的人，反要使他們尊貴；這樣要想求得民眾奮勇殺敵而不去私鬥，根本也是不可能的。國君如果在國家太平時供養儒生和俠客，等到國家危難到來時，卻需要用戰士來打仗。由於所供養的人卻不是真正要用的人，真正需要使用的人卻又不是平日所供養的人，這就是國家發生禍亂的原因。」

韓非指出韓王所用的那些人是「所用非所養，所養非所用」，根本沒有辦法在國家危急的時候，來幫忙解決問題。可是呢，韓王根本就不理會韓非這個家室沒落的貴族與他的上書，韓非有志難伸，只好拼命寫書，寫出了〈孤憤〉、〈五蠹〉、〈說難〉、〈難勢〉、〈姦劫弒臣〉等這些文章，探討君臣的關係，以及怎麼樣來治理國家，才能使國家富強；指出國家的衰弱、混亂、敗亡，又是由哪些因素所造成。

這些文章寫成之後，輾轉流傳到秦王的手中，秦王一看，愛不釋手。秦王嬴政曾說：「寡人得見此人與之遊，死不恨矣。」他到處找這些文章的作者，想當面向他討教富國強兵之道。他說：「我如果能夠見到此人，就算我死了都沒有遺憾。」

李斯知道了此事，趕緊稟告秦王，他說：「這是我的同學韓非，他現在人在韓國。」

「是韓非嘛！好啊，你把這個人給我找來。」這個時候，秦國強盛，秦王他想要統一六國，正準備要發兵。「好，那我們就先打韓國，讓我見見韓非這個人。」秦王順勢下令。

韓王聽到消息，迫於無奈，趕快召韓非進宮，「現在國家就要亡了，我派你出使秦國，千萬要把我們國家保住，韓國的安危就靠你了。」

這時，韓非終於有機會受韓王重用，出使秦國，可是他的命運實在是不好，到了秦國，禮貌上與秦王匆匆見過一面，但卻沒有機會好好和秦王深談。就被安排住進秦國的雲陽宮候命。

此時，李斯開始憂慮韓非的才幹為秦王所欣賞，進而取代他在秦王心目中的地位，於是就不斷地在秦王面前講韓非的壞話，他說：「韓非是韓國人，他畢竟還是為他自己的國家著想，絕不可能為我們秦國效力，所以即使您今天重用他，他也不可能為我們秦國牟利；若不用他，將來讓他回去韓國，那豈不是縱虎歸山，他反而會是我們一統天下的阻礙，不如找個藉口把他給殺了吧。」當時秦國大臣姚賈，也隨聲應和，他們兩個互相勾結，積極遊說秦王，後來，秦王真被他們說動了。

「好吧，那就以間諜之罪，賜韓非一死。」李斯接到命令之後，馬上就拿毒藥到雲陽宮給韓非，要韓非速速自我了斷。李斯走進軟禁韓非的雲陽宮中，正欲開口，韓非有點興奮，結結巴巴地說：「你……來……接……我見……秦王嗎？」

李斯：「當年我們一起在老師門下治學的時候，我就曾經想過可能會有今天。如今，你看看這天下，各國擁兵自重，若無你我來運籌帷幄，他們不過是一群螻蟻、草芥，沒有任何作用。」

韓非：「聲……東擊西，遠……交近攻，你……的策論一向學得……很……好。」

李斯：「你是我的同門，應明白這天下之道，一山不容二虎。」

韓非：「所……以，你……要……我消失？」韓非已看出李斯的意圖。

李斯奸笑著說：「你我算是同門，輸在師兄的謀略之下，並不可恥。」

韓非：「以……前我……太相信你，現……在我……誰都不再相信，老……師曾說過我……們這些人是……為戰……爭而生的，有時我……也會問，如果沒了戰……爭，我們的存……在又有……何意義？我……只希望你……看在我……們曾經同……門的份上，最……後再讓……我見一……次嬴……政就好。」

李斯臉色浮現一股肅殺之氣：「你才說不再相信任何人，現在就算我答應你，你想你見得到嗎？」

韓非絕望地搖搖頭說：「六尺黃土之下，我看你又能活多久。」說完狂笑幾聲，拿起李斯帶來的毒酒，一飲而盡，結束了他這充滿抱負與遺憾的一生。

其實，後來秦王反悔，想要免除韓非死刑，再見他一面，但卻已經來不及了。韓非生於西元前二八〇年，於秦王政十四年，西元前二三三年過世。韓非的一生，就是在這樣一種很無奈的情況之下結束。

他所留下來的文章，集結成冊，稱《韓非子》，共有五十五篇。其中有：〈孤憤〉、〈五蠹〉兩篇是秦始皇親自閱讀過的文章，〈孤憤〉篇論及君主如何受到大臣的蒙蔽，敗壞法紀，當權大臣又為何仇視像韓非一樣的法術之士，法術之士孤掌難鳴，眼見國家危難，心急如焚，與權臣競爭又不能取勝、不被重用，充滿有志難伸的憤慨。〈五蠹〉篇談的是五種傷害國家的人，像木頭裡的蠹蟲一般，包括：儒者、縱橫家或說客、帶劍的遊俠、君主寵信的近臣以及商工之民。

二、韓非與荀子談人性

話說韓非在稷下向荀子學習，三年後的某一天，師徒二人走在河邊，柳絮紛飛；遠處麥田人車走動，正忙著收成。

荀子緩緩說道：「人的本性為惡，社會之所以會有良善的行為，乃是依靠後天教育去改變氣質；今日所呈現的人性，生來就有好利之心，順其心發展，人與人之間相互爭奪，哪裡會有辭讓之禮？生來就有嫉恨嫌惡之心，順其心發展，殘忍賊害他人的行為層出不窮，哪裡還有忠貞信實的品格？人一生下來就有耳目感官的欲望，喜好美色、淫聲，順其心發展，荒淫暴亂就不可避免，哪裡還有禮義文化可言？因此，若從人之心性，順人之情欲，必然會有爭奪，觸犯理分，而使社會秩序紊亂；因此，必須透過後天禮義、師長的教化，才能使人有辭讓的行為，合乎社會的規範，導引人心為善。」

韓非說：「老師說得極是，但禮義、師法如何導人為善？如果人人自私自利，禮義、師法又有何吸引力，使人願意學習？人的內心又如何可能接受禮義師法的教育？」

荀子說：「人是可以被環境影響的，蓬生麻中，不扶而直；白沙在涅，與之俱黑。就算是平民百姓，走在路上的每一個人，就其潛能而言，都可能成為像禹一般的聖人。」

韓非說：「弟子以為放眼今日天下，影響人的大環境中，充滿著人人競逐名利的風氣，就像田裡工作的工人，他們不過是為了希望雇主多給一點工錢，才在那裡賣力工作，若是沒有錢拿，無利可圖，又有誰會願意賣力工作呢？又像那雇主，準備了豐盛的點心給那些工人享用，看起來主奴之間好像父子一般親熱，其實雇主打的如意算盤是希望工人認真工作，快點將麥子收完好賣錢，其實還是為著自己的利益。」

荀子說：「雖然好利是人的本性，滿足人自己的欲望也是人的本能，不過，人的心還是有選擇的能力。」

韓非問：「人心有什麼能力呢？」

荀子答：「人心有自主的能力。你可以將一個人的手腳綁起來不讓他動，把他的口捂起來，不讓他說話，但是你卻無法改變他的意念、心志。」

韓非問：「心志如何選定它所要追求的方向呢？」

荀子說：「心志可以認識世界上的事物，透過不同經驗的比較，而選擇對自己長期有利的事去做。」

韓非繼續問：「什麼是不同經驗呢？」

荀子回答：「就是在不同時間、不同階段、管理人民、統治國家的成效經驗相比較啊！你說說看，是一個沒有秩序的社會對大家有利，還是一個有秩序的社會對大家有利呢？」

韓非回答：「當然是有秩序的社會比較有利啊！」

荀子說：「沒錯，古代聖人就是透過這樣的認知與比較，而制定了禮義制度來施行教化，讓百姓獲得最大的利益，因此，好利的人民必須接受禮義、師法的教育，化性起偽；也就是轉化他們原本的惡性，透過後天的禮義、師法來改造本性，這就是人為的導惡為善。」

韓非問：「聖人的心如何認知？一般老百姓又為何認知不到？如果百姓人人短視近利，根本無法瞭解聖人制禮作樂的用心，以致禮義的教育效果不彰，那又該如何是好呢？」

荀子說：「聖人的心能夠虛壹而靜。」

韓非問：「何謂虛？」

荀子回答：「虛，就是不以所藏害所將受。也就是原有的知識不會佔滿人的內心，心總可容受新的知識。」

韓非問：「何謂壹？」

荀子回答：「人的內心中容受了不同的知識，但不會因為先前的知識干擾了後學的知識；心可以專注於其壹，不受影響。」

韓非又問：「何謂靜？」

荀子回答：「人心浮動，受外物幻夢影響，但它有能力安靜篤定。」

韓非問：「老師所說的虛壹而靜，固然有其道理，但一般老百姓卻不容易做到，僅有極少數的聖人可能，並且內心修養人人各異，虛玄而無益於治。我認為根本不必探究心性的內涵、作用，只要從絕大多數人那種趨利避害的傾向，予以對治即可。既然人人好利，因此賞罰可用，禮義已經過時，根本無法發揮管理上的功效，因此弟子主張：應該要採取嚴刑峻罰，以更具權威與效率的法律來治國，在重賞重罰之下，建立信賞必罰之威；如此才能富國強兵，完成一統天下的霸業。」

荀子聽到此，長歎一口氣，對著韓非說：「嚴刑峻罰，治標不治本，非長治久安之計；你既有這種想法，就算天下有你容身之處，也會危機四伏，你還是自求多福吧！」

韓非悵悵然，不久之後，他拜別了老師，返回韓國。

三、韓非評慎到、儒者，論任賢與任勢

在韓非時代之前，有主張尚賢的儒者，質疑慎到強調權勢的說法。慎到是趙國邯鄲人，年代約稍晚於孟子，為戰國中期的思想家，齊宣王時曾在齊國稷下學宮講學，頗負

盛名。《莊子・天下》篇把他與田駢同歸一派，後成為從道家分化出來的法家，主張「尚法」和「重勢」。

在稷下學宮所舉辦的一場早期論辯大會中，慎到說：「飛龍騰雲而行，遊蛇駕霧而動，然而一旦雲開霧散，牠們就跟蚯蚓、螞蟻一樣了，因為牠們失去了騰雲駕霧飛行的憑藉。賢人之所以屈服於不肖的人，是因為賢人權力小、地位低。不肖的人之所以能被賢人制服，是因為賢人的權力大、地位高。可見治理的成效，其關鍵在於勢位權力的大小，而不在於治理者個人的道德操守如何。」

接著，慎到舉例說：「古代聖王堯如果是一個平民，就算只有三個人，他也管不住；要是古代暴王桀作為天子，卻能搞得天下大亂。由此得知，管理國家要靠權勢，而不是靠那些有道德或有智慧的人。射箭時，弓弩力弱而箭頭卻飛得很高，這是因為有風力的推動；管理者本身雖然未必有賢德，但是他的命令卻得以推行，這是因為得到了眾人的幫助，大家都認可他的權力。堯若非天子，他在平民百姓中施行教化，平民百姓不會聽他的；等他南面稱王統治天下的時候，就能令出必行，有禁必止。由此看來，賢德智能並不足以制服民眾，而勢位卻可以使賢人屈服的。」

此時，主張尚賢的儒者反問慎到，說：「龍飛在天，蛇騰林間，我們並不認為龍蛇不需要依託雲霧這種外在的勢力。雖然如此，但捨棄賢才而專靠外在權勢，難道就可以治理好國家嗎？不見得如此吧。有了雲霧的依託，就能騰雲駕霧飛行，是因為龍、蛇天生資質好；現在同樣是濃厚的雲層，蚯蚓並不能騰雲而上，同樣是濃厚的霧氣，螞蟻並不能依附而飄起。雖有厚雲濃霧的依託，而不能騰雲駕霧飛行，是因為蚯蚓、螞蟻天生資質低下，無法掌握、運用這些外在的勢力。」

儒者進一步分析歷史上朝代興亡的道理：「夏桀、商紂南面稱王統治天下時，他們把天子的權勢像龍蛇以雲霧作為依託一般，而天下仍然不免於大亂，正說明夏桀、商紂的資質低下，不懂得如何善用權勢。再說，慎到認為堯憑權勢來治理天下，而堯的權勢和桀的權勢沒有什麼不同，結果桀的治理卻導致天下大亂。權勢這東西是被動的，既不能讓賢人用它，也不能讓不肖的人不用它。賢人用它天下就太平，不肖的人用它天下就混亂。按人的本性來看，賢能的人少而不肖的人多，如果威勢的作用常被多數不肖的人利用，那權勢就變成擾亂天下的亂因，而權勢被賢能者運用而治理好天下的情況就少了。權勢這東西，既便於治理天下，也可能會擾亂天下。所以《周書》上說：『不要給老虎添上翅膀，否則牠將飛進城邑，任意吃人。』統治者就像那老虎，要是讓不肖的人憑藉權勢，這好比給老虎添上了翅膀。夏桀、商紂造高臺、挖深池來耗盡民力，用炮格的酷刑來傷害民眾的生命。桀、紂能夠胡作非為，是因為天子的威勢成了他們的翅膀。假使桀、紂只是普通的人，他敢開始幹一件壞事，就遭受刑罰了。可見權勢是滋長虎狼之心、造成暴亂事件的東西，也就是天下的大禍害。」

儒者做出結論說：「權勢對於國家的太平或混亂，本來沒有什麼一定的關係，可是慎到的言論專講『權勢』足以用來治理天下，他的智力所能達到的程度太淺薄了。良好的馬、堅固的車，卻讓沒有技術的奴僕來駕馭，就會被人譏笑，而讓駕車高手王良駕馭，卻能日行千里。車馬沒有兩樣，有的可以日行千里，有的卻被人譏笑，這是因為駕車者能力的靈巧和笨拙相差太遠了。假如把國家當作車，把權勢當作馬，把號令當作韁繩，把刑罰當作馬鞭，讓堯、舜來駕馭，天下就太平，讓桀、紂來駕馭，天下就混亂，可見賢和不肖在治理國家的效果上，相差太遠了。若要想跑得快、走得遠，卻不知道任用王良；想要興利除害，卻不知道任用賢能者；這是不懂得類比。堯、舜也就是治理民眾方面的王良，統治者本身的賢能，是不可被忽略的重要條件。」

韓非查閱之前論辯的記錄，瞭解了兩方面的論述之後，對於慎到與儒者的主張皆不以為然，於是提出他自己的看法，他說：「慎到認為依憑權勢就可以治理天下，而儒者卻說『一定要等到賢人，才能治理好天下』，這兩種說法都不對。所謂權勢，名稱雖然只有一個，但是含義卻有所不同，在不同的脈絡下有不同的意義。如果說，所謂的權勢是出於自然繼承的，那就沒什麼好討論的了。我要談的權勢，乃是人為設立的。現在你們說『堯、舜得了權勢，天下就太平，桀、紂得了權勢，天下就混亂。』我並非不同意這種看法。但是，權勢不是一個人能夠建立設定的。假如堯、舜生來就處在君主的位置，即使有十個桀、紂也不能擾亂天下，這就叫做『勢治』；假如桀、紂同樣生來就處在君主的位置上，即使有十個堯、舜也不能治好天下，這就叫做『勢亂』。所以說，『勢治』就不可能被擾亂，而『勢亂』就不可能被治理好。這都是自然之勢，不是經由人所設立的。」

韓非進一步闡釋他的主張：「我主張的權勢，是經由人所建立設定的權勢，建立了這種具有規範性的權勢，就不必要求什麼高超德性的賢人。」

當時持儒家立場的同學，問韓非：「怎樣證明你的話是對的呢？」

韓非舉了一個故事，說：「有個賣矛和盾的人，誇耀他的盾很堅固，說『天下沒有任何東西可以刺穿它』，一會兒又誇耀他的矛說『我的矛很銳利，它可以刺穿天下任何東西』。旁邊有個人好奇地問他說：『用你的矛刺刺你的盾，會怎麼樣呢？』他沒法回答。因為不能被刺穿的盾和可刺穿一切東西的矛，在道理上是不能同時存在的。按照『賢治』

的原則，賢人是不受約束的；按照『勢治』的原則，是沒有什麼不能約束的，不受約束的『賢治』和沒有什麼不能約束的『勢治』就構成了矛盾。『賢治』和『勢治』兩者不能相容也就很清楚了。再說，堯、舜、桀、紂這樣的人，一千世才出現一次，這就算是頻繁出現的了。實際上，世上的君主絕大多數是中等之資，我之所以要講『依法度訂權勢』，是為了這些中等人才。才能中等的君主，上比不過堯、舜，下也不至於成為桀、紂。掌握法度、據有權勢就可以使天下太平，背離法度、離棄權勢就會使天下混亂。假如廢棄權勢、背離法度，專等堯、舜出現才使國家太平，這就可能會有一千世混亂，然後才有一世太平。掌握法度、據有權勢，當桀、紂出現時國家才會混亂，這就可能會有一千世長久的太平，然後才有短暫一世的混亂。因此，天下治亂的關鍵在於『依法度訂權勢』，而不是單純依賴儒者所謂的『賢人』或慎到所說的『自然之勢』。因為，我說的辦法，太平一千世才有一世混亂，和你們爭論的辦法，混亂一千世才有一世太平相比，就像兩個人騎著千里馬背道而馳，兩種情況相距是非常遠的。」

韓非再舉例說明：「如果放棄矯正木材的工具，不用度量尺寸的技術，就是讓製車巧匠奚仲造車，也不能造出一個輪子。沒有獎賞的鼓勵，沒有刑罰的威嚇，放棄了權勢，不實行法治，只憑堯、舜挨家挨戶勸說，逢人辯論，連三戶人家也管不好。權勢的重要作用也夠明顯的了，而你們儒者說『一定要等待賢人』，那也就不對了。況且，倘若為等待好飯菜，一百天不吃，挨餓的人就活不成；現在要等待堯、舜這樣的賢人來治理當代的民眾，這好比等待將來的好飯菜，來解決迫切飢餓問題的說法一樣。」

韓非又針對儒者的比喻說：「『良馬與堅固的車，讓奴僕駕馭就要被人譏笑，而讓王良駕馭卻能日行千里。』；我不認為是對的。等待越國的游泳能手來救中原地區落水的人，越國人固然善於游泳，但落水的人並不能得救。等待古代的王良來駕馭當今的車馬，也好比等越國人來救落水者的說法一樣，顯然也是行不通的。良馬與堅固的車，再加上五十里設一個驛站，讓中等技術的車夫來駕馭，要想跑得快走得遠，是可以辦到的，一千里路程一天就能到達，何必等待古代的王良呢？況且駕車，要是不用王良，就一定要讓奴僕們把事辦糟；治理國家，要是不用堯、舜，就一定要讓桀、紂把國家搞亂，那中間那些大多數的人呢？這就好比品味，不是蜜糖，就一定是苦菜，那其他的滋味呢？這也就是堆砌言辭，違背常理，而趨於極端化的理論，怎能用來責難我所說合乎道理的言論呢？你們的議論趕不上『依法度訂權勢』理論啊！」

四、韓非與墨者的對談——只有我殺人，沒有人殺我

話說韓非在返回韓國的途中，遇到一位墨者，墨家是當時的顯學，主張兼愛、非攻，但是韓非對於墨家思想不以為然，於是有了以下的談話。

韓非批評墨家說：「你們墨家的始祖墨子強調三表法，而三表法中的『本之者』，是要上本於古代聖王的事蹟，言必稱頌堯、舜，自以為掌握真堯、舜，可是殷、周距今七百餘年，虞、夏距今二千餘年，而不能判定它們的事蹟何者為真；要以不能確定真假的情況視為必然，這是愚昧的！將非必然的人事作為思想、行事的標準是虛構騙人的。所以你們墨家凡事根據先王的道理辦事，口口聲聲以堯舜的典範施政，不是自己愚昧就是欺騙人民。英明的君主不會接受你們這套說法的。」

墨者回答：「先生之言有所誤解。我們墨家的言行標準只有一個，那就是『天志』，雖然我們政治思想的根據，是以古代聖王的成功事蹟或先王所遺留下來書中所記載的言行典範為根據，但它們最終的源頭都是『天志』。」

韓非問：「『天志』能作為言行的標準嗎？有『天志』的存在嗎？」

墨者回答：「『天志』當然存在，天普降甘霖，滋養大地，愛護普天下之人；『天志』希望人們彼此相愛，相互得利；『天志』也希望我們施行仁義之事。」

韓非說：「這種說法不是自欺欺人嗎？你看今日天下，戰亂頻仍，各國爾虞我詐，大國攻打小國，大家侵略小家，強盛的欺負弱小的，人多的壓榨人少的，奸詐的欺騙愚笨的，高貴的輕視低賤的。哪有仁義可言？人人自私自利，哪有兼愛可言？」

墨者說：「天下之所以亂，正是因為人們不知天志，也不信有鬼神能夠賞善罰惡。要知道你做天所希望你做的事情，就會得到天獎賞你所想要得到的事物。天希望人們彼此相愛，如果人們互相賊害，就會遭到上天的懲罰。」

韓非說：「若要等到上天來懲罰，小國早就亡國了，人民的苦難早就承受不住了，只有貫徹執行嚴格的法律才能救亡圖存，使國家富強。」

墨者說：「國家的存續，需要嚴密的組織，我們墨家對於法律也是十分重視的，並且，我們更看重居管理之位的人必須是賢德有能力的人，如此分工合作、分層負責、在下位臣民的思想、價值觀也須獲得上位的君主認同；君主所肯定的，在下位的臣民也必須同樣予以肯定，君主所反對的，在下位的臣民也必須同樣予以反對，而最高的權威不是國君、天子，乃是『天志』，如此全國才能產生共同的目標，齊心努力，這才是救亡圖存之道。」

韓非說：「你們墨家的想法太天真了，國家遇到危難時，天會告訴國君怎麼做嗎？誰又能代表『天志』發言？如果天無言要怎麼辦？如果天的代言者與國君的想法相左又怎麼辦？」

墨者沉思片刻……。

韓非接著說：「我認為一國最高的權力應由國君掌握，他的意志清楚，政出一門，由國君統一事權，掌握賞罰二柄，操生殺大權，如此才能有明確的指令，面臨危難的時候，才能迅速應變、及時反應；在太平的年代，也才能重視農業生產，整軍經武，厚植國力，使國家邁向富強之境。」

墨者說：「如果國君是一個暴虐無道的暴君如何？豈不是任由如桀、紂的暴君作威作福，殺害百姓，置百姓於水火之中而不顧？」

韓非說：「那是極少的情況，我要以法律來規範君主的權力，他必須依法行政，人民也以法為教、以吏為師，使全國君臣百姓都在法律的規約下行事，才能帶給人民真正的福祉。你們墨家提倡的兼愛是行不通的，必須要讓人民為了追求自己的利益、避免災禍而服從領導，千萬不可以用神祕的『天志』要求人民服從，或者用所謂的德行去感化人民；這些都是徒勞無功的，你們必須認清人人都是自私自利的。」

墨者說：「我們墨家也同意人有自私的一面，但是人也可以用兼愛的方式來面對周遭的人，想想如果全天下的人都願意實踐兼愛，那麼如此一來，你愛別人，別人也愛你，不是人人都能夠獲得最大的利益嗎？」

韓非說：「你的想法，是癡人說夢。人人都只會為自己著想，而不會將別人當成自己來愛。」

墨者說：「許多年前，有一位儒者巫馬子對我們的老師墨子說：『我和你不一樣，我不能兼愛天下人。我愛鄒國人多於越國人，愛魯國人又多於鄒國人，愛我家鄉的人又多於魯國人，愛我自己家裡的人又多於我家鄉的人，並且愛我自己要更親於我自己的家人，愛我自身比我的親人更多，是因為我的愛是離我越近就越多。若是有人擊打我，則我會痛，擊打別人則我不會痛，那我為何不去阻止使我會痛的事，而優先處理不會讓我痛的事？所以只有我去殺別人，而沒有理由讓別人來殺我。』韓非你是否同意巫馬子說的這個道理？」

韓非說：「巫馬子說得有道理啊，人是以他自己的利益為中心，來決定他面對別人的態度。」

墨者說：「你知道我們的老師如何反駁巫馬子的看法嗎？」

韓非回應：「願聞其詳。」

墨者說：「我們的老師墨子對巫馬子說：『你的這番自私自利的說法，是要隱藏起來，還是敢告訴別人呢？』巫馬子說：『我為什麼要隱藏這種說法，我當然敢告訴別人啊！』韓非，你是不是也敢將這套自利說告訴別人？」

韓非說：「有什麼不敢？我現在不是就正在告訴你？」

墨者說：「我們的老師說：『如果有一個人接受你的學說，那一個人就會想要殺你以利己；若有十個人接受你的學說，那就有十個人會想要殺你以利己；如果天下的人都接受你的學說，那每個天下人就會想要殺你以有利他自己；如此，喜歡你學說的人都要殺你。反過來看，如果一個人不喜歡你的學說，那就有一個人想殺你，因為他們會認為你在宣傳邪說歪道，散布不吉祥的言論；如果十個人不喜歡你的學說，那就有十個人想殺你，因為他們會認為你在宣傳邪說歪道，散布不吉祥的言論；如果天下人都不喜歡你的學說，那就天下所有的人都想殺你，因為他們會認為你在宣傳邪說歪道，散布不吉祥的言論。如此一來，喜歡你、接受你學說的人要殺你，不喜歡、不接受你學說的人也要殺你。』這就是所謂的禍從口出，沒有利益的話又何必多說。」

墨者再說：「為了你自己的利益，我看你該放棄你的這種想法。不然，韓非，你還是快逃吧！」

五、韓非與儒者談「仁」

韓非返回韓國的路上，告別墨者之後不久，又遇見一位儒者。

儒者說：「當今之世，只有各國都奉行孔子仁愛的思想，才可能天下太平。」

韓非說：「何以見得？」

儒者說：「仁者，愛人。己欲立而立人，己欲達而達人。各國國君若能將心比心，推己及人，天下何以亂至於此。」

韓非說：「先生，你錯了。你以為天下人都可以像孔子一樣嗎？仲尼是天下的聖人，修養德行高超，周遊列國，追隨他的有七十位弟子；能做到像孔子境界的人少之又少，因此以天下之大，願意追隨孔子的只有七十人，真正能實踐仁義的，也只有孔子一人。」

儒者說：「正是因為做到仁義的人少，才要大力提倡仁義之道啊！」

韓非說：「請務實地看問題，魯哀公從德行來看是一個低下的人，但他卻是一國的君主，國境之內的臣民，沒有不臣服於他的；因為臣民是服從哀公的威勢，也只有勢位可以服人，所以孔子反成為臣子，而奉哀公為其君上。孔子並不是認為哀公的仁義值得尊敬，所以才向他稱臣，而是順服在他的威勢之下。因此，如果以仁義為標準，孔子絕不會服哀公，但以威勢為標準，哀公就可以讓孔子稱臣。今天，許多你們儒家之士多在說服君主行仁政可以王天下，卻忽略了必能勝人的威勢不論，這就好像要求君主各個都能達到孔子的水準，也要求百姓能有那七十子的節操，這太不務實了。」

儒者說：「行仁政有何不妥？上行下效，蔚然成風，君惠臣忠，父慈子孝，如此國家，才是我們應該努力的目標。」

韓非說：「楚國有一個很正直的人，他的父親偷了人家的羊，他去縣令那兒檢舉，縣令將他父親判了重罪；由此可見，要做一個正直的忠臣，卻成為父親的不孝之子。這種矛盾如何能推行於天下？」

儒者說：「孔子對攘羊一事的主張是『父為子隱，子為父隱』。也就是將親情放在優先的地位，因為親情才是穩固社會秩序的基礎啊！有此父子之愛，推廣此親情之愛，才能讓國君有不忍人之心，愛民如子，人民生活安定；近悅遠來，國家自然興盛。」

韓非說：「老百姓犯罪，你們儒家強調執政者要有不忍懲罰的慈愛之心，這樣必然就會對百姓施予許多恩惠，甚至對於沒有功勞的人也給予獎賞，應當懲罰的人竟寬恕赦免他們的罪。如此一來，要是真的讓你們所謂有仁德的人來擔任統治者，下面的官員與人民就會目無法紀，放肆作為，而心存僥倖，導致政令無法推行，禁令無法生效，這種領導者會導致國家滅亡。」

儒者說：「照你的說法，仁義竟足以亡國，簡直妖言惑眾。」

韓非說：「我並非反對仁義，而是仁義可以施行於古代，並不適用於我們的時代。若在今天以仁愛作為施政的原則，人民先樂而後苦。若真心苦民所苦，為了達到富國強兵的目標，必須以法治國，嚴刑峻罰，雖然人民開始會覺得苦，但是從長久來看，才能讓人民獲得真正的利益。」

儒者說：「你若不反對仁義，為何不能以一貫愛人的態度對待百姓，就算以嚴刑峻罰能得到富國強兵的結果，那對於人心道德又有何幫助？」

韓非說：「治國的根本，不在順從人民的一時的欲望，而在於維護人民長久的利益，如果一個人不健康，其他的學習、工作、成家、立業都是空談；如果一個國家搖搖欲墜，國貧兵弱，隨時都有被滅亡的可能，再談什麼仁義道德又有何助益？必須用最有效的方式來治理，才能起死回生。只有官府公布明確的法令，賞罰公正，人民都願意遵守，國家才能夠富有，軍力才能強大。國富兵強才能真正維護人民長久的利益，這也才是愛民的表現。」

儒者說：「你所說的以法治國，雖然有點道理，但是一旦形成了刻薄寡恩的風氣與民性，那將禍事不斷、後患無窮。從歷史上的記載可以知道，強調法術者，沒有一個人有好下場。楚國任用了吳起變法而強大，秦國任用了商鞅改革而富強，但是最後的結果如何？吳起得罪楚國貴族，楚悼王死後，他的屍首遭肢解；商鞅變法而遭貴族舊勢力報復，秦孝公去世，他的屍首遭車裂。難道韓非你也要有那一天嗎？我看你還是快逃吧！」

韓非說：「我雖然知道變法改革的危險，也知道亂主昏君的愚昧、奸險重臣的讒言，必將危害我的性命，但是立法術、設度數，這是有利百姓蒼生的事，縱使冒著生命的危險，我也要努力達成。」

於是，韓非懷著義無反顧的決心，勇往直前。耳邊依然傳來儒者的聲音：「韓非，快逃、快逃、快逃……」

六、韓非與隱者談道論法

韓非翻山越嶺趕回祖國，在一嶙峋山區遇到一位隱者，韓非見其仙風道骨、氣宇超凡，主動與之交談。

韓非說：「請問先生為何居住於此荒山野嶺、杳無人煙之處？」

隱者說：「山嶺自然，天地與我並生，萬物與我為一，鳥獸蟲魚相伴，人以為荒涼，我以為逍遙。」

韓非說：「道法自然，先生可是一修道者？」

隱者說：「道可道，非常道。道不只是用說的，路是人走出來的，道也依行動而彰顯的，修道就是行道，我在此天地之間領略自然，感受陰陽，只是一個順應變化的人。」

韓非說：「我的老師告訴我們天道是可以利用的，與其稱頌天地運行的偉大，不如運用此天道規律來達成偉大的目標。」

隱者問：「自然之外可有目標？有何目標可謂偉大？」

韓非直言：「富國強兵，一統天下，萬世太平，百姓安寧。」

隱者問：「你可知老子有謂：『群居之人，小國寡民即可，即使有兵器而不必用，使人民珍惜生命，不須長途跋涉遷徙，即使有舟車也不必用；即使有軍隊也無用武之地。使百姓回復上古單純的生活方式，飲食自然甘美，衣著自然美觀，居住自然安適，風俗純樸，其樂融融；鄰國彼此相望，即使雞犬之聲相聞，人民至老死，也不相往來。』何必以富國強兵，一統天下為目標？那是人為地破壞自然，百姓哪有安寧之日。」

韓非說：「那是過去式的憧憬與遐想，現下情勢，戰國七雄爭霸天下，連年征戰，百姓已無安寧之日，要回復古代無爭之世，若無所作為，哪有改善之可能？只有出現霸主一統天下才有可能平息戰爭，天下百姓才有太平之世。」

隱者說：「逆道而行，自作孽，不可活。」

韓非說：「此話怎講？富國強兵之法何曾逆道而行？」

隱者說：「願聞其詳。」

韓非說：「以道為法，用工具衡量而可知平正，運用規矩而可知圓形，設定客觀的法律乃是萬全之道。英明的君主使人民依法而行，他可以輕鬆治國而有功。若不用規矩而任個人智巧，不用法律而任人意，反而使國家混亂。」

隱者說：「道生一，一生二，二生三，三生萬物。萬物都含有陰陽二氣，陰陽二氣不斷交合，產生萬物。許多事物表面看來是得益的，但實際上卻是受損的；表面上看起來是受損的，但是實際上卻是受益的。要知『反者道之動』的精義，事態都是朝相反的方向發展，有了法律也就有了法律的漏洞，嚴刑峻罰可收一時之效，長此以往，物極必反；人為之法律終有一天失敗。」

韓非說：「所謂道，乃是萬物的根源，也是評斷是非的標準、綱紀。所以英明的君主必須守住這原始的道，才能知萬物的根源，以從道而出的法紀來治理天下，才能知事物發展的好壞端倪。因此，君主要以虛靜的修養來體會道，順道之動向來發命令，以名舉實，循名責實，順其自然，使事態的發展，自然穩定。如此，統治者本身就是以道為法，以反為用，法治又怎麼會無效呢？」

隱者說：「聖人處無為之事，行不言之教。他不會用繁複的規定來限制人民，也不會用賞譽來激起人民的欲望，更不會用懲罰來傷害百姓的生命，他乃是順著人民的本性，使人民有生存的空間、有發展的機會。就像萬物順四季變化的發展一樣。道生萬物，卻不擁為己有，作育萬物，而不自恃其能，成就萬物，而不自居其功，正因為道不自居其功，反而能永垂不朽。」

韓非說：「君主之所以能統治國家乃因為他有絕大的權力，他應該要仿效道的運作方式，不要讓他的權力隨便展現，因此，平常看起來像是無所作為一般；因為事情雖然複雜交錯在四面八方，但是關鍵的要領只在中央。君主聖王只要能把握要領、穩據權力中心，四面八方的臣民自然來歸順、效力。這正是運用老子『反者道之動』的精義，虛以待之，臣民自然為其所吸引。」

隱者說：「聖人不會標舉某些目標，也不會崇尚某種價值，不會褒獎賢能者，百姓就不會爭取賢能之名。不誇讚難得的珍貴貨品，人民就不會為了奪取這些珍貴貨品，而成為強盜。不表揚可欲求的一切事物，就可使百姓的心不致紊亂。所以，聖人的治理是：清淨人民的心思，滿足他們的口腹，減弱他們的詐術機心，強健他們的體格，常使人民無巧知、無貪欲，縱使有一些巧詐之徒也不敢胡作非為了。這就是以無為的方式治理人民，就沒有治理不好的事務。現在，你卻要利用人民的欲望之心來爭取獎賞，避免處罰；當人民的欲望越來越多時，再嚴的法律也會失效。」

韓非說：「人人都是自私自利的，有誰不是為了自己的好處來做事呢？既然如此，賞罰之法當然可有大用；我關心的是能不能有一個掌握大權的人，來穩固地平衡這麼多人的欲望，這個人就是一國之君，他必須擁有絕對的權力進行分配，同時，也不能被在下虎視眈眈的權臣謀奪他的地位。因此，一國之君千萬不能流露出自己的欲望，如果一國之君透露出他想要的事物，臣下就會琢磨配合提供國君想要的東西，來取得君主的好感，拉近他與權力核心的關係；一國之君也不可透露他真正的心意，不然臣下就會虛偽逢迎，以擴大自己的影響力。因此，一個有道的國君必須去好、去惡，使臣下無可捉摸，臣下就無所用其巧詐智謀。如是，國君表現得好像不太有智慧反而真正精明，不標舉賢能反而有功績，不誇耀勇力反而有強勢。這樣群臣就堅守職位，百官各有所長，因著臣下的專長而任用，如此不就無為而無不為了。先生，您說是吧！」

隱者說：「你所說的只是為了達成君主的目的，滿足君主的欲望，並非順物自然，只是將老子之道轉為一種手段，以道為法，以反為用。」

韓非說：「滿足君主的目的又有何不妥？古代體會大道的聖人：瞻望天地變化，觀察江海流向，因順山谷地勢，日月所照，四時所行，雲布風動各有其理；體會大道的聖人不以巧智累害其心，不以私欲累絆自己；寄託治亂於法術，分辨是非於賞罰，衡量輕重於權衡；不違逆天理，不傷人情本性；不吹毛而求小疵，不洗垢而察難知；不引繩之外，不推繩之內；一切以法律作為規範，依法治國，順應不同時代的事理而行，只要君主能體道而行，他的目的已同於大道運行的方向，這就是順物自然。」

隱者說：「你所說的，看似有理，實乃背道而馳。哪有君主會是體會大道的聖人？

你將治國思想寄託在理想的君主之上，這是不合現實的；儒家的聖人堯、舜你認為幾千年才會出現一次，你又如何能將一般君主視為全然體道者呢？若你執意推行你的思想，難保不會大禍臨頭，此乃妄作之凶，你還是快逃離人世是非之地吧！」

韓非說：「正是因為古代的體道者不能依賴，才必須從道轉化出法制的規範作用，藉由法制達成無為而無不為的境界。我的使命已定，無所逃於天地之間。」

說罷兩人分手，漸行漸遠。

貳、從故事說道理

在《韓非子》書中有〈內儲說上〉、〈內儲說下〉、〈外儲說左上〉、〈外儲說左下〉、〈外儲說右上〉、〈外儲說右下〉、〈說林上〉、〈說林下〉等篇章，其中保存、儲備了許多歷史上的故事，這些故事蘊含著許多君以御臣、臣以侍君的君臣關係、臣與臣之間的競爭關係、國與國的外交關係以及其他人際關係中的道理。我們可以從這些故事中，看到某些人性的流露、事態的危機、處事的態度、管理的方法；這些故事的儲備，也是韓非用來說服君主採取法家思想治國的工具，因為道理蘊含在故事之中，聽故事的人自己從中揣摩出的道理，更生動、更有影響力。因此以下我們從不同強調的重點，將《韓非子》書中的故事分門別類地介紹給大家。

一、法的故事

(一)嚴刑止亂與法紀

董閼于做趙國上黨地區的郡守。他巡視石邑山中，看見山澗深邃，像高牆一樣陡峭，深達數百丈，就問居住深澗附近鄉村聚落的人說：「曾有人下去過嗎？」他們回答：「沒有。」又問：「小孩、癡聾、瘋顛的人曾有人掉下去嗎？」回答說：「沒有。」「牛、馬、狗、豬曾有掉下去過的嗎？」回答說：「沒有。」董閼于感歎地說：「我能治理好上黨了。假如我治理時對罪犯嚴懲不貸，使他們好像掉下必死的深澗一樣，就沒有人敢觸犯法令了，怎麼會治理不好呢？」

商鞅的法令不是輕罪輕罰、重罪重罰，而是輕罪重罰。因為在重刑之下，人們就不敢觸犯小罪；而小小的過失比較容易改掉；使人們改掉容易犯的小過錯，不去觸犯重刑，這才合乎治理國家的原則。既然小過錯沒人犯，大罪過也就沒有了。這樣一來，人們都不再犯罪，禍亂也就不會產生了。

解讀：

從這兩段我們可以看到，韓非認為，嚴刑峻罰是有效的治理手段，就像商鞅所說的：「以刑去刑」。設立嚴苛的刑罰，即使小罪都要受到重罰，人們就會特別小心，以免受到嚴厲的懲罰，像從高山掉下懸崖深澗一般，正因為懸崖深澗太過危險，因此人人都要避免走這種險路，小罪不敢犯，大罪更要避免；如此一來，就沒人敢犯罪，社會就有秩序，那嚴刑峻罰的法律，也只是備而不用，如此就達到以刑去刑的目的了。

子產做鄭國宰相，重病將死，對游吉說：「我死後，一定會由你在鄭國執政，你可一定要用威嚴的法律來治理民眾。火的形貌是嚴酷的，所以人們很少被燒傷；水的樣子看起來柔和，所以很多人容易被淹死。你必須嚴厲地執行刑罰，不要讓人們因你的柔弱而觸犯法令。」子產死了之後，游吉不肯嚴厲執行刑罰。鄭國一些年輕人拉幫結派地成為強盜，盤據在雚澤一帶，成為鄭國的禍害。游吉率車騎和他們開戰，打了一天一夜，才算打敗了他們。游吉感歎地說：「早知道我按子產所教導的去做，就不會懊悔到這般地步了。」

解讀：

這和上則故事類似，韓非藉子產的話將嚴刑峻罰比喻成火，火勢明顯的危險，人人為求自己的安全，自然走避得遠遠的。如果統治者用儒家那套仁政慈愛百姓，使百姓誤以為違法犯紀不會怎樣，如此反而像水的柔和，去使人受到更大的傷害。這其中對於人性的看法是：人人都是趨利避害的，法治中的懲罰訂得嚴苛，人人為了避害而不會犯法，對整個社會大眾才是有益的。

魯哀公問孔子說：「《春秋》裡記載說：『冬季十二月份降霜，沒有把豆類作物凍死。』為什麼記下這條？」孔子回答說：「這是說本來可以造成傷害的，但結果沒有造成傷害。應予傷害卻不加傷害，桃、李就會在冬天結果。如此一來，天道失去了常規，草木尚且要違抗它，何況君主呢！」

解讀：

用嚴刑統治人民的根據是什麼呢？韓非舉出了「天道」思想作為法治的根據；四季的變化有一定的規律，萬物的生長發育，開花結果也都有一定的時期，如果統治的君主，在該予以懲罰的時機，不願意給予懲罰；這就像天道失去了應有的常規一樣。這故事是勸統治者勿猶豫不決，當斷則斷，該殺則殺。君主握有生殺二柄之權勢，才能使政局穩定。

商朝的法令規定，對在街上傾倒灰燼的人處以斷手的刑罰。子貢認為這刑罰過重了，就詢問孔子，孔子說：「這是因為他們懂得治理方法。若有人在街上倒灰，就會讓人眼睛睜不開、看不清；因此人們為此一定會發怒；一旦發怒，就會導致爭鬥；爭鬥起來，就會引起許多家族相互報復殘殺。既然這是會造成許多家族相互殘殺的情形，當然等到他們開始爭鬥再處以刑罰也是可行的。但是不要等到事態嚴重之後才用法矯治；因為從一開始，在小事上就重罰，而重罰是人們所厭惡的；人們就不敢去街上隨便倒灰，這是人們容易辦到的。讓人們做好容易辦到的事情，而不去觸犯他們所厭惡的刑罰，這才合乎治理的原則。」

解讀：

韓非他預設：其一，人民小過不敢犯，自然大罪能避免。其二，防微杜漸，治理國家要在事態尚未惡化之前，就要事先預防。因此，他肯定街市倒灰而處以斷手刑罰的法令規定。例如：今日的新加坡就有相對嚴格的法律規定，就是採取這種做法。

㈡法無例外

韓昭侯對申不害說：「法度非常不容易實行。」申不害說：「所謂法，就是針對屬下的功勞而給予獎賞，依據他們的才能而授予官職。為什麼您會覺得不容易實行？那是因為君主您設立了法度，卻又聽從近侍的請求，這是法度難以推行的原因。」昭侯說：「我從今以後知道如何推行法度了，知道該聽什麼、不該聽什麼了。」有一天，申不害請求韓昭侯任用他的堂兄做官。昭侯說：「要是聽從你的請求，不就破壞你治國的原則了嗎？我無法採納你的請求，因為這是我從你那兒學來的作法。」申不害意識到自己失言，於是惶恐地請求給予處罰。

解讀：

申不害強調法的內容、功能、原則以及執行上的超然性；如果法在執行上打了折扣或該罰不罰、該賞不賞，或功多賞少、過多罰少，或無能任官、有能卻不用，都會使法的權威性降低。其中，在韓非所處的時代，君主的情感、情緒、情誼、情分等等有關人情的因素是最容易影響法的超然性，而破壞了法的權威性。

公儀休擔任魯國宰相。他愛吃魚，全國的人都爭相買魚進獻給他。公儀休都婉謝不收，他弟弟勸他說：「您愛吃魚，卻不收魚，這是為什麼？」公儀休回答說：「正因為愛吃魚，我才不收。假如收了，一定要遷就他們的某些要求；有遷就他們的表現，就將違背法令；違背法令就會被免去相位。這樣一來，我即使愛吃魚，他們也不再給我魚，而我也沒有俸祿可以自己買魚。反之，假使不接受別人送的魚，就不會被免去相位，儘管再愛吃魚，我也能夠用俸祿自己買到魚。」這是懂得依靠別人不如依靠自己，懂得靠別人相助，不如自己幫助自己的道理。

解讀：

韓非認為法有普遍性與權威性，既定出法律，人人都必須遵守。此外，有礙法律貫徹的就是人情，拿人手短、吃人嘴軟，執法者一旦接受了別人的饋贈或好處，在執法的過程中，就有可能無法貫徹執行；許多民眾也藉著各種人情關係，遊走法律邊緣，略施小惠而能圖謀一己之大利，這是執法者必須小心提防的。

㈢以罪受誅人不怨上

孔子擔任衛國宰相，他的弟子子皐擔任獄吏，子皐依法砍掉一個犯人的腳，被砍腳的人仍然派他工作，他得看守大門。有個厭惡孔子的人，在衛君面前中傷孔子說：「孔子圖謀作亂。」衛君一聽，打算捉拿孔子。孔子只好逃跑，弟子們也都跟著逃跑。子皐跟著跑出門，斷足的守門人引導他逃到門邊屋子裡，官吏沒有逮捕到他。半夜，子皐就好奇地問斷足的守門人說：「我不能破壞君主的法令，只得下令砍掉了你的腳，現在是你報仇的好時機，為什麼你竟然願意幫我逃走？我憑什麼得到你的幫助呢？」斷足的守門人說：「我被砍掉腳，本來就是我罪有應得，這是沒有辦法的事。但是，當您按刑法給我定罪時，我見您反復推敲法令，先後為我說話，很想讓我免罪，這些我都看得很清楚。等到案子和罪刑決定了，您心裡十分糾結不安，同情之心表露無遺，這些我也清楚地看在眼裡。您並不是徇私照顧我才這樣做，而是您與生俱來的仁愛之心本然如此。這便是我心悅誠服並要報答您的原因。」孔子說：「善於做官的人樹立恩德，不會做官的人樹立怨仇。『概』這種工具是用來刮平斗斛的，『吏』這種官員是用來公平執行法律的。治理國家的人，不可以失去公正。」

解讀：人心有一個公平性，功過賞罰會以這個公平性作為標準來衡量；如果別人是存心要整你，你會察覺得出來；可若是別人盡量為你爭取了，且你自己又的確罪有應得，那不但不會怪別人還會心存感激。這就是故事中斷腳看門者的反應。因此，那個看不見的公平性是立法者、執法者不能忽略的要點。

㈣依法執權——循利害定賞罰

中山國宰相樂池率領一百乘車馬出使趙國，挑選門客中有智慧才能的人做領隊官，沒想到中途車馬隊伍散亂了。樂池說：「我認為你聰明，才派你做領隊官，現在中途車隊卻散亂了，這是什麼原因？」門客聽他這麼說話，就要辭別，說：「您不懂得管理者的需要；要有威勢才足以制服人，要予人利益才足以鼓勵人，如此才能夠管理得好。現在，我只是您年少位卑的門客。由年少的管理年長的，由位卑的指揮位尊的，又不能掌握賞罰的權柄來制約他們，我怎能指揮得動他們，不散亂才怪。假如給我權力，對表現好的我能封他們的官，表現差的我能砍了他們的腦袋，哪有管理不好的道理呢？」

解讀：

此段韓非指出管理的要素，在於法律與權力，只有任命為領隊官還不夠，特別是在既有價值觀的評價下，年輕無權勢的人，通常是不被重視的。若能賦予權力，則情形大為改觀。權力是可以直接影響到被管理的人，人是趨利避害的，管理者運用人們的這種傾向，就可以操控被管理者的行為，而達成管理的目的。

齊國人的習俗喜歡厚葬，布帛都做了死人衣被，木材大都做了棺材。桓公為此很擔憂，他對管仲說：「要是我們國家的布帛用完了，就沒有東西可做遮體的衣服；要是國內的木材用完了，就沒有材料可構築防禦工事。可是人們還是不停止厚葬，怎樣才能禁止這種風氣？」管仲回答說：「大多數人的作為，不是為了名，就是為了利。」於是，下令說：「自今日起，人民棺材超過標準的，就刑戮屍體，處罰主喪的人。」如此，屍體遭到刑戮，無名可言；主喪的人被處罰了，也無利可言，人們自然就不會厚葬了。

解讀：

法治的理論根據就在於韓非對於人性的觀察，他並沒有像之前的孟子或他老師荀子的思想，去談性善還是性惡的問題，他所掌握到的是大多數人實際的行為傾向，藉管仲的話指出人們所做的行為中，最大的兩個動機就是：名與利。若要改變人民的行為，就必須從這兩個動機著手，法令的內容必須藉由人民求名圖利與趨利避害的傾向，來調整社會的風氣，改變人民的行為。

衛嗣君在位時，有個囚犯逃往魏國，之後，竟然替魏襄王的王后治病。衛嗣君聽說了，就派人求襄王允許用五十金贖回囚犯，使者往返了五趟，魏王就是不給人，衛君打算用左氏城來交換囚犯。群臣近侍都勸衛君說：「用一個大城邑去換一個囚犯，可行嗎？」衛君說：「這不是你們所能理解的。小地方不治理好，大的亂事就無法平定。如果法令不確立它的權威，誅罰不能確實兌現，即使有十個左氏城，對國家的發展也沒有裨益；如果法令確立了它的權威，誅罰確實執行兌現，即使失去十個左氏城對國家也沒有損害。」魏王聽到這個消息之後說：「衛君想治理好國家，我卻不答應他的要求，不吉利。」於是用車子裝了囚犯送到衛國，無代價地交還給衛君。

解讀：

法治的有效性在於信賞必罰，如何信賞必罰，必然要確立法律的權威性。如果法律的條文訂得很好，但是執行率太低，那就無法遏阻人犯罪，因為犯罪的人都會心存僥倖，不認為自己會被抓到；或者即使被抓到了，也以為未必會有太過嚴厲的處罰；這樣，就無法杜絕社會的亂象。因此，故事中的衛嗣君展現了非常強旺的意志，用超過一般人所想像的代價，一而再、再而三地，無論如何都要把那名犯人繩之以法。

二、術的故事

㈠眾端參觀——從各個方面參驗、觀察

衛靈公時，彌子瑕受到寵信，專權於衛國。有個謁見靈公的侏儒說：「報告大王，我的夢應驗了。」靈公問：「什麼夢？」侏儒回答說：「我昨晚夢見灶，結果今天就見到了您。」靈公聽了發怒說：「我聽說將見君主的人會夢見太陽，為什麼你會夢見灶呢？」侏儒回答說：「太陽普照天下，沒有一件東西可以遮擋它；君主也能普照一國之人，也沒有一個人能夠蒙蔽他。將見君主的人，當然就會夢見太陽。可是灶不一樣，一人對著灶門烤火，後面的人就無從看見火光了。現在或許就有一個人擋住了君主的光輝？使我夢見灶，也不無可能！」

解讀：

侏儒藉著說夢，以及夢中的灶來類比於衛靈公，使靈公意識到他太寵信彌子瑕而

被蒙蔽許多事，不能從多方考查實情而誤國。他必須眾端參觀，才能像太陽一樣，德威普照大地。

魯哀公問孔子說：「民間俗語說：『沒有與眾人合計就會迷亂。』現在我辦事和群臣一起謀劃，但國家卻越來越亂了，又是什麼原因呢？」孔子回答說：「明君有事詢問臣下，有些人知道，有些人不知道；像這樣的話，明君在上，群臣就可以在下面直率地議論。現在群臣沒有不和季孫口徑一致的，全魯國都變成了一個人，您即使問遍境內百姓，仍然不免於迷亂。」

解讀：

上一段是說君主受一人蒙蔽不好，有一人擋在君主與群臣之間。這一段則指出當權的大臣已經收買了其他大臣，他不是一個阻擋者，而是個帶頭阻擋者，沒有人敢與他的意見相左，這種情況國君還是無法探知實情，也就無法做出正確的判斷。

有個齊國人對齊王說：「黃河之神是偉大的神，大王為什麼不嘗試和祂會一會呢？請允許我來安排一下，讓您會會祂。」於是那個齊國人就在黃河邊上築起了祭神的壇場，邀請齊王站在壇場上。過了一會兒，河面上有大魚游動，齊人就說：「這就是黃河之神。」

解讀：這是蓄意的欺騙，為何要欺騙君主？君主周遭有許多人希望藉著各種方式獲得利益，如果讓國君相信怪力亂神，也就擁有左右君主的勢力。因此做君主的人一定要多方考察，對於可疑的事物予以檢驗實證。

張儀想藉著秦、韓和魏交好的勢力去征伐齊、楚，惠施則想與齊、楚罷兵言和。兩人為此在魏王前爭執不下。群臣近侍都幫張儀說話，認為攻打齊、楚才有利，而沒有人幫惠施講話。結果，魏王聽從了張儀的主張，而認為惠施的主張不可行。攻打齊、楚的事已經確定了之後，惠施再次晉見魏王。魏王說：「你不要再說了。攻打齊、楚的事情確實有利，全國都這樣認為。」惠施趁機進言：「這種情況不能不明察啊。如果攻打齊、楚這件事確實有利，全國都認為有利，聰明的人怎麼會這麼多？如果攻打齊、楚這件事確實不利，全國都認為有利，愚蠢的人又怎麼會那麼多？凡重要的決策要謀劃，往往因為有可疑之處；真正可疑的事，那麼就會有一半人認為可行，另一半的人認為不可行。

現在，全國人都認為可行，這是大王失去了另一半人的意見。失去了半數意見的君主也是被挾持的君主啊！」

解讀：

惠施的提醒有一定的道理，做君主的人不能輕易相信多數人的意見，因為多數人可能是受少數人的煽動或買通；如此一來君主就可能因此而被蒙蔽了。但從另一方面看，惠施在不能說服魏王的情況下，他不再針對爭論的內容進行再次論述，而是針對爭論的勝負形式進行分析，這也是一種說服術的技巧。此外，讀者還可以反省一點，現代的民主政治，「少數服從多數」不是大家公認的政治原則嗎？從這個例子來思考，多數人的意見真的就是最有利的作法嗎？在現代社會中，民意會受到哪些因素的影響？我們又該用什麼態度來面對、處理這些因素？才不會像魏王一樣，被所謂的多數所蒙蔽了。

叔孫豹做魯國宰相，地位尊貴而專權獨斷。他所寵愛的屬下是豎牛，也獨攬了叔孫豹的權勢號令。叔孫豹有個兒子叫仲壬，豎牛嫉妒他，並想陷害他，因而設計帶仲壬一起到魯國國君的住處去遊玩。魯國國君見到仲壬，就賜給他一個玉環，仲壬接受了，但不敢佩帶，回府之後，就讓豎牛向叔孫豹請示。豎牛騙他說：「我已經替你請示過叔孫豹了。他說你可以佩帶玉環。」仲壬就帶了起來。豎牛趁機對叔孫豹說：「為什麼不帶仲壬去見見君主呢？」叔孫豹說：「小孩子哪能見君主。」豎牛說：「仲壬早就見過君主了，君主還賜給他玉環，他已佩帶上了。」叔孫豹就召見仲壬，看到仲壬果然佩帶著玉環，叔孫豹十分忿怒，竟下令殺了他。仲壬還有個哥哥名叫孟丙，豎牛也嫉妒他而想害死他。叔孫豹給孟丙鑄了口鐘，鐘鑄成後，孟丙不敢擅自敲鐘，讓豎牛向叔孫豹請示。豎牛並不幫他請示，反而騙他說：「我已經幫你請示過了，你父親說你可以敲鐘了。」孟丙不疑有他，就敲了鐘。叔孫豹聽見鐘聲後問：「孟丙怎麼不請示就擅自敲鐘？」於是又忿怒地把他趕走了。孟丙出逃到了齊國。一年後，豎牛假裝替孟丙向叔孫豹請罪，叔孫豹就讓豎牛召回孟丙，豎牛並沒有去召人，卻報告叔孫豹說：「我已經召過他了，孟丙很惱怒，不肯回來。」叔孫豹聽了十分憤怒，派人把孟丙給殺了。兩個兒子已死，叔孫豹患重病，豎牛就獨自侍養照顧叔孫豹，把近侍們都支開，不讓旁人進入，說：「叔孫豹不想聽見人聲。」豎牛也不給叔孫豹東西吃，就這樣活活把他餓死了。叔孫豹已死，而豎牛並不發訃告，把叔孫豹財庫裡的貴重珍寶搬遷一空，然後逃往齊國。

解讀：

這是不能眾端參觀而遭殺身之禍的實例。叔孫豹聽了自己所偏信之人的話，結果家破人亡，父子都被人殺了，這就是不加驗證的禍患。韓非收集了許多歷史上的故事，並從中歸納出許多原則，以作為君主治國、管理臣下時，必須要有的態度與方法。

江乙為魏王出使楚國，對楚王說：「我進入大王的境內，聽說大王國家的風氣是：『君子不隱人之美，不言人之惡。』確實有這樣的風氣嗎？」楚王說：「有。」「既然這樣，那麼像白公政變之類的事發生，國家能不危險嗎？確實如此，群臣都能倖免於死罪了。」

解讀：

白公之亂是發生於楚惠王十年（西元前四七九年）六月，吳國攻打楚邑慎，被白公勝率領楚軍打敗。白公勝以獻呈勝利捷報為名，領兵入郢都作亂，劫持楚惠王；葉公高在蔡，聽聞白公勝發難的消息後，於是率領大軍前來鎮壓。葉公由都城北門而入，得到楚國人的協助，打敗了白公勝。白公勝逃到山中，自縊而死。此戰稱為「白公之亂」。由於韓非主張君主必須眾端參觀不被蒙蔽，因此臣民必須講實話，如果社會上有隱惡揚善的風氣，國君就聽不到實話，也就有被欺騙的可能，正如當白公勝領兵入郢都時，沒有臣子敢講白公的不良企圖；使楚惠王沒有戒心，導致楚惠王被白公勝劫持而國家陷入危亡的狀態。

衛嗣君看重如耳，喜愛世姬，又擔心他們以為受寵而來蒙蔽自己，於是就抬高薄疑來和如耳相匹敵，推重魏姬來和世姬並列，說：「我可以用這種方法使他們互相抗衡。」衛嗣君雖然懂得不受臣下蒙蔽，但是卻沒有掌握相應的方法。如果不能使地位低賤者議論地位高貴者，不使下級敢於揭發上級的弊病，而一定要等雙方權勢相等，然後才敢互相議論，那就會培植起更多的臣子來蒙蔽自己了。衛嗣君之所以受蒙蔽便由此開始。

解讀：

如耳是魏國人，曾在魏國做官，受到衛嗣君的賞識，衛嗣君瞭解一國君主不能受到屬下所蒙蔽，因此也重用有才能的薄疑。在宮內他則一方面喜愛世姬，另一方面又寵信魏姬；他所用的方法就是讓屬下相互制衡。然而，從韓非的觀點來看，在一個龐大的國家組織內，各層級官員分工合作，如果制衡作用只在權力相當的官員之間，或平行單位之間，那是不夠的；必須要使在下位者敢於批評在上位者的過失。不然，在上位的官員會因為無人敢批評他，而使得他更有機會蒙蔽君主。當然，這種相互評論、彼此制衡的表達對象必須是君主本人，如此才能使君主能夠眾端參觀。是以，這段故事是指出一種企業文化，或官場風氣是對於領導者能否掌握真實資訊的重要因素。

箭射來有一定方向，就堆集鐵器來防備這個方向；要是箭射來沒有一定的方向，那就建造鐵屋來全面地防備著；有防備，身體才不會受傷。所以人們憑著全面防備而不致受傷，君主也一樣，依靠完全警惕而不致生奸邪之事。

解讀：

韓非認為君主對於臣下必須要有全面的防備，人們真正的動機還是在於為自己的利益謀算，臣下只要有機會就會奪權篡位，必須存警惕之心，從多方面考察；所以韓非所設想的君臣關係是緊張而無法信任屬下的。

龐恭和太子到趙都邯鄲做人質。龐恭對魏王說：「如今若有一個人來報稱市集上有老虎，大王相信嗎？」魏王說：「不相信。」「兩個人來報稱市集上有老虎，大王相信嗎？」魏王說：「不相信。」「三個人來報稱市集上有老虎，大王相信嗎？」魏王說：

「我就相信了。」龐恭說：「市集上沒有老虎是很清楚的，但是三個人的言論就造出了一隻老虎。現在邯鄲離魏國比這兒離市集遠得多，妄議我的人也比三個人多，希望大王明察真相實情。」後來，龐恭從邯鄲回來時，終究還是不能見到魏王。

解讀：

韓非這個故事是說明君主很容易被多數人的看法所左右，即使是明顯違反事實的事，只要一而再、再而三地說，假的也能說成真的，子虛烏有也能被講成活靈活現。因此，眾端參觀是君主在領導統御時，最先應該掌握的治術。

㈡信賞盡能——用優厚的獎賞激發潛能

齊王向文子詢問道：「怎樣治理國家？」文子回答說：「賞罰作為治國原則，是一種銳利的兵器，君主要牢固地掌握它，不可把它拿給別人看。至於臣子們，也就像獸鹿一樣，只要有肥美的草地，就會跑過去的。」

越王向大夫文種詢問道：「我想攻打吳國，行嗎？」文種回答說：「行。我們的賞賜優厚而守信，懲罰嚴厲而堅決。您想瞭解將士的勇氣，為什麼不用焚燒宮室來做個試驗？」於是就縱火燒了宮室，然而卻沒有人去救它。於是越王下令說：「為救火而死的，和在戰場上犧牲同賞；救了火而沒死的，比照戰勝敵人同賞；如果不救火的人，和投降敗北者同罪。」人們聽令之後，立刻用泥土塗身、蒙上濕衣而奔赴火場的，左面三千人，右面三千人。由此知道伐吳已具備必勝之勢了。

吳起擔任魏武侯時的西河郡守。秦國有個小哨亭靠近魏國邊境，吳起想將它攻下來。若不除掉小哨亭，會對魏國的種田人構成很大威脅；但要除掉小哨亭，又不值得為此徵集軍隊。於是吳起就在北門外擺放了一根轅木，然後下令道：「誰能把它搬到南門外，就賞給他上等田地、上等住宅。」可是卻沒有人去搬它。一直等到有一路人半信半疑地將它搬到指定的地方，吳起就立即按照原先的承諾賜下獎賞。不久吳起又在東門外放了一石赤豆，並下令說：「誰能把它搬到西門，賞賜如前。」一聽到命令，大家都搶著去搬它。於是吳起下令道：「明天將攻打小哨亭，有誰能先攻上去的，就賜他做國大夫的官職，賞他上等田地住宅。」第二天，人們爭先恐後。於是一個早上就拿下了小哨亭。

解讀：因為在韓非看來，人的心理傾向都是趨利避害的，如此想要讓民眾做什麼事，就給他們利益，他們自然就會做，利越大，驅動力也就越大。想要民眾不做什麼事，給他們懲罰，罰得越重，禁止力就越大；因此，賞罰是治理國家的利器。但是，統治管理者不能光說不做，一定要信賞必罰，說到做到；民眾對於必定實行的賞罰規定有信心了，那麼統治管理者的目的也就能達成了。

李悝擔任魏文侯時上地的郡守，他想要人民都善於射箭，就下令道：「民眾若遇到難斷是非的訴訟時，就讓他們用弓箭射靶，射中的勝訴，射不中的敗訴。」命令下達後，人們都加緊練習射箭，日夜不停。後來和秦軍發生戰役，大勝敵人，這是因為人人善於射箭的緣故。

解讀：

什麼？人民訴訟的案件竟然可以用射箭來斷案，實在太離譜了。不過《韓非子》書中記載的是難定是非的情況，人民為了自己的利益，萬一碰到自己有官司纏身，不要被別人佔便宜，就要靠射箭的技術自保，如此就能達到李悝的目的了。其中韓非想要強調的，還是民性自利的心理傾向，可以被管理者加以利用。

宋國都城崇門有個平民服喪時，因為過度悲哀，顯得非常憔悴瘦弱，宋君認為他對父母非常孝敬，就提拔他做官吏。第二年，人們因為服喪時過度悲哀而死的，一年之中就有十幾個人。兒子為父母服喪，是因為愛父母，這種情形尚且可以用獎賞來加以勸勉，何況君主對於人民的關係呢？

解讀：

為什麼會死那麼多人？真的是過度悲哀嗎？還是希望藉此能獲得一官半職？禮儀要以真實感情為基礎，喪禮的悲哀之情本是自然情感的流露，但是將它變為獲得官職的手段，就失去喪禮的意義了。其中隱含著韓非認為只要在上的君主以獎勵的方式為手段，可以達到驅動人們感情方向的作用，不僅是子女對父母，也可應用於人民對百姓。換句話說，人的自私自利對於行為的主導性是大於其他自然情感的驅動力；只要掌握權力、資源能夠吸引人的自利心，趨利避害，如此就能左右人的行為，就能達成統治者的目標。

越王計畫著去攻打吳國，想要使人民具備勇敢犧牲、視死如歸的精神，有一次，當他外出時，看見路中一隻發怒的青蛙，就在車上向牠行禮致敬。隨從說：「為什麼對一隻青蛙致敬呢？」越王說：「因為這隻青蛙勇氣十足的緣故。」第二年，請求把頭顱獻給越王的人，一年之中就有十幾位。由此看來，讚譽足以鼓動人們捨生忘死啊！之後，越王準備要向吳國復仇，又來測試他所訓練的軍士夠不夠勇敢，於是找人放火焚燒高臺後，擊鼓命令軍士們救火而有賞。又一次，將部隊調動靠近江邊，擊鼓命令將士前進，使人下水而有賞。如此，當面臨激烈戰況而擊鼓，使人斷頭剖腹而義無反顧的原因，正是作戰而有賞。又何況根據法制進用賢人，它的鼓舞作用就遠超過於此了。

解讀：

上位者想要在下的臣民擁有怎樣的特質，就要對這種特質施予獎賞；越王對不知死活的怒蛙表達尊敬之意，就是間接地告訴臣民他所欣賞的是「勇氣」；具備勇氣者將會得到他的獎賞。勇氣的極致表現就是不怕死，名利都是人們想要的東西，為了得到可能的名利，施予一定的訓練就可以讓軍隊不怕死。這種訓練還需要檢證，於是就有水深火熱、威脅生命的考驗了。

韓昭侯讓人把破舊的褲子收藏起來，近侍說：「君主太不仁厚了，破舊褲子不賞給近侍們，卻要收藏起來。」昭侯說：「這你就不懂了。我聽說英明的君主，連自己的一顰一笑都要加以珍惜，皺眉有皺眉的目的，笑有笑的道理。現在是一條褲子了，它的作用豈只是一顰一笑呢，一條褲子和皺個眉頭、給個微笑相差可遠了。我一定要等待有功的人，再予獎賞；所以要好好收藏。」

解讀：

這故事是說，獎賞的品項種類很多，除了金銀財寶、高官厚祿之外，君主所用過的東西，因為君主本身的尊貴性而有價值；因此，君主必須善用這些有價值的資源。其中還提到君主表情的一顰一笑，為什麼連君主的表情都有價值呢？因為表情代表著君主內心中的想法，肯定或否定的態度，而這些透露出的訊息，正是未來獎懲的前兆，因此連這些徵兆都是統治者、管理者可以運用的工具。有些人可以在長期的期待下就有效忠的行為動力，有些人可能期待期比較短，管理者就可以運用他對不同人性格的觀察，善用他的賞罰。從另一方面看，資源是有限的，如果管理者大量的使用、消耗資源，難保有一天，沒有可賞的東西給予該獎賞的有功臣民。這是為什麼韓非引用了韓昭侯連破褲子都要保存的理由。

㈢一聽責下——經由逐一考察來督責屬下

齊宣王喜歡讓人吹竽，一定要有三百個人來同時演奏才好聽。南郭處士自請替宣王吹竽，宣王很高興，吹竽的數百人伙食待遇都由官府提供。後來，宣王死了，湣王繼位。齊湣王喜歡一個一個地聽他們吹竽，南郭處士便逃跑了。

解讀：

這就是濫竽充數的典故來源，韓非認為君主容易被群臣所蒙蔽，如果一一去聽他們的意見，就可以知道實際的情況，也可以分辨誰才具有真材實料。整體的意見若是好的，不能保證個別的見解也是好的；若要使屬下皆為有能力的幹才，必須一一考核，才能分出高下。

趙國派人通過申不害向韓國借兵，準備用來進攻魏國。申不害想對韓國國君說這件事，又怕韓王懷疑自己與外國勾結；倘若不說，又擔心被趙國厭惡，於是他就讓趙紹、韓沓兩個近臣，用不同的意見去試探韓王的態度，然後才去講了這件事。這樣，申不害對內則明白了韓王的意圖，對外則有拉攏趙國的功效。

解讀：

有時君主即使是一一聽臣下的不同意見，也有可能被人設計。申不害就是用這招來先刺探韓王的想法；於是，作為握有大權的君主，即使是個別考察臣下的意見，也要謹慎，不輕易表露自己的主張；因為臣下為的是自己的利益，君主才是為國家的整體大利。在韓非看來，國家整體的利益與君主的利益一致，為了避免臣下為了一己私利阻礙國家大利，以及君主自己的利益，必須用「術」來防姦與責效。

韓、魏、齊三國軍隊集結到了韓國，秦王對大臣樓緩說：「三國的軍隊就要深入我國了！我想割讓河東之地與他們講和，怎麼樣？」樓緩回答說：「割讓河東，可是不小的代價；若能因此免除國家禍患，則是大功勞。這是宗族老臣的責任，大王為什麼不召見公子汜來徵詢意見呢？」於是，秦王召見老臣公子汜，並告知了相關情況，公子汜回答說：「此事講和會後悔，不講和也會後悔。大王眼下如果割讓河東之地而講和，三國撤兵，大王一定會後悔說：『三國本來就會撤軍的，我白白把三座城送給他們了。』如果不講和吧，三國聯軍一定進入函谷關，那麼秦國一定要大動干戈，到時大王您一定也會非常後悔。您會說：『這是沒有獻出三座城的過錯。』所以說，大王講和會後悔，不講和也會後悔。」秦王說：「既然都會後悔，我寧可喪失三座城而後悔，不能等到國家危亡了才去後悔，我決定講和了。」

解讀：

這是「一聽責下」的成功案例，大臣中總有比較有經驗、有智慧的。在此一案例中，公子汜不僅有分析事態的智慧，更有如何表達的智慧。他並沒有明確指出秦王應該要做怎樣的選擇，而是用「都會後悔」的兩種情況，讓秦王自己決定；不過，在他的分析中，已將敵我的實力及可能的利弊得失展示出來，因此秦王得以迅速作成決定。

魏王對韓王說：「當初韓、魏屬同一個國家，後來才分開的，現在我希望重新把韓國併入魏國。」韓王很為這件事擔憂，召集群臣，和他們商量如何答覆魏國。韓國的公子對韓王說：「這事很容易回答。您對魏王說：『假如認為韓與魏原屬一國而可以合併，那麼敝國也希望把魏國併入韓國。』」魏王因此不再提出合併要求了。

應侯范睢對秦王說：「大王佔領了宛、葉、蘭田、陽夏幾個地方，攔腰切斷了河內，圍困了魏國與韓國，之所以到現在還沒有稱王天下，是因為趙國還沒有順服。如果我們放棄上黨，用上黨的兵力逼近東陽的話，那麼趙國的邯鄲就成了口中的蝨子。大王可以拱手為禮而接受天下諸侯的朝覲，哪個諸侯敢落後的就用兵討伐他！要使上黨成為安樂之鄉固然好，然而在管理上卻很費力，放棄上黨那只不過是丟掉一個郡罷了；我擔心勸您暫時放棄，您不願聽，怎麼辦呢？」秦王說：「我已決定放棄上黨，調防上黨的守軍了。」

解讀：

這兩例也是「一聽責下」的成功案例，韓公子轉換角度，從「當初韓、魏屬同一國」的相同一前提推出韓國可合併魏國的主張，立刻從守勢轉為攻勢。范睢的說服策略則是先分析各國情勢，然後預設秦王不捨上黨之地，側面的說出自己的憂慮，在權衡輕重的分析之後，秦王很快地採取范睢的建議。

(四)疑詔詭使——故弄玄虛、無所不在的監督

龐敬是個縣令，他派遣市場管理員去工作，同時又召來另一位管理市場的官員公大夫來見。公大夫站了一會兒，龐敬和他隨便聊聊，也沒說什麼重要的事，就讓他離開了。

市場管理員以為縣令對公大夫有所指示，而對自己不信任，因此不敢做違法的事。

戴歡是宋國的太宰，在夜晚派遣使者說：「我聽說這幾天夜裡有人坐著帷幕遮蔽的車子到法官門前走動，你替我仔細偵查。」派出去的使者回報說：「沒有看到帷幕遮蔽的車子，只看到有人捧著竹箱和法官說話，過了一會兒，法官收下了那個竹箱。」

解讀：

管理上會耍心機，就是一種不信任的表現。龐敬是故意做給市場管理員看的，表示有人在監督他，宋國的太宰戴歡也是派人偵查法官是否收賄；這都顯示人在自私自利的天性下，擁有權力的人都不可以信任他。

東周君遺失了玉簪，命令官吏們去找，經過三天都沒能找到。東周君又另外派人尋找，結果在平民的房中找到了。東周君說：「我的官吏都不做事。找根玉簪，三天沒能找到；我派人尋找，不到一天就拿回來了。」於是官吏都很害怕震驚，認為君主實在神明。

商太宰派遣年輕的侍僕到市場上去辦事，等他回來後問道：「在市場上見到了什麼？」侍僕回答說：「沒見到什麼。」太宰說：「你再想想，究竟見到了什麼呢？」侍僕回答說：「市場南門外牛車很多，僅能勉強地通行。」太宰就告誡他說：「不准告訴別人我問你的話。」於是太宰就召來市場管理員並責罵說：「街市南門外為什麼有那麼多的牛屎？」市場管理員很奇怪太宰怎麼知道得這麼快，於是以後就會惶恐小心地執行分內的職務了。

解讀：

製造無所不知的假象，目的是要讓屬下知道管理者雖然不在他們工作的現場，但是對於他們的一舉一動，工作狀況都瞭若指掌。東周君丟玉簪是要提高臣下的工作效率，商太宰一樣是要屬下工作時認真賣力。這說明韓非認為人都有惰性，若沒有長官隨時盯著，就會有混水摸魚的人；於是用這種方法來讓屬下不敢偷懶。

㈤挾智而問——用已知探求未知

韓昭侯用手握住自己的指甲，然後假裝說掉了一隻指甲，尋找得非常著急，於是近侍就剪下自己的指甲呈獻給他。昭侯通過此事來考察侍臣是否誠實。

解讀：

這是明知故問，君主以已知的事物來測試屬下是否誠實，在緊急的狀況誰會做假，其中隱含著人為了自己的利益，在特殊的情況會有欺騙的反應；為了怕主上責罵或刑罰，於是乾脆將自己的指甲剪下交差。於是，韓非用這個例子教君主如何來測試屬下的忠誠。

韓昭侯派人騎馬到縣裡巡視。使者回報，昭侯問道：「看到過什麼？」使者回答說：「沒看到什麼。」昭侯說：「雖說如此，你再仔細想想，到底見到什麼呢？」使者說：「南門外有小黃牛在大路左邊吃禾苗。」昭侯對使者說：「不准洩露我問你的話。」就下命令說：「正值禾苗生長時，原本就有命令禁止牛馬進入農田裡，但官吏們卻不把這當一回事，有很多牛馬進到農田裡了。盡快把這個數量報上來；若有遺漏，將加重他的罪過。」於是城東、城西、城北三面都把數量報了上來。昭侯說：「還沒有完全查清楚。」經官吏再去細查，才發現南門外的小黃牛。經過此事之後，官吏認為韓昭侯明察，都惶恐小心地執行自己的職務，而不敢輕忽職守了。

東周君下令尋找彎曲的手杖，官吏找了幾天沒能找到。東周君私下派人再找，不到一天就找到了。東周君就對官吏說：「我就知道你們做事不力。彎曲的手杖很容易找，但你們卻沒能找到；我派人尋找，不到一天就找到了。你們怎麼能算忠誠呢！」於是官吏們都惶恐小心地執行自己的工作，認為東周君實在太神明了。

西門豹做鄴縣令，假裝丟失了車軸兩端的鐵鍵，命令官吏尋找，結果沒能找到。西門豹再派專人尋找，結果在居民的房子中間就找到了。

解讀：

領導者所知的有限，但所要管理的人與事太多，如何才能發揮監督的作用？那就是要用少量的知發揮大量知的作用，如何發揮？就是「挾智而問」，用已知的事，讓屬下以為你不可能知，而你卻能掌握。

卜皮做縣令，他的監察官品德卑汙而有寵妾，卜皮就派遣年輕的侍僕假意善待他的愛妾，靠這種辦法來探知監察官的隱情。

解讀：

人都有弱點，為了掌握隱情，就要從人的弱點下手；人的弱點往往也都與人的欲望有關，不是為財就是為色，於是卜皮為了掌握資訊，就從他屬下的愛妾下手。韓非也瞭解這一點，因此他也勸戒君主，千萬不能將內心的祕密告訴自己身邊親近的皇后、妃子。

㈥倒言反事——從事態的反面來掌握實情

齊國有人想要作亂，怕齊王知道，就假裝趕走自己喜愛的部下，讓他跑到齊王那裡，以圖探明究竟。

解讀：

老子有「反者，道之動」的思想，意思就是事物的變化規律，往往會朝相反的方向發展。倒言反事之術，就是說相反的話，做相反的事，從而探求事情的真相。齊王不會信任對手的愛將，但會信任叛逃者，因此假裝驅逐一個屬下，就能獲得齊王的信任，進而獲取想要的情報。

子之做燕國宰相，有一次坐在那裡忽然假裝說：「走出門外的是什麼東西？是白馬嗎？」侍從都說沒看見。有一個人追出去看看，回報說：「是有白馬。」子之通過這種方法瞭解侍從中哪些人不誠實。

解讀：

屬下大都喜歡順從主上，討好長官；因此管理者在不經意時故意說假話，看看屬下的反應，就可以測試他們的習慣作風；如此才能判斷誰能信任，誰能賦予重任。不過這些方法不能常用，用多了反而無效，甚至有害。

有兩個互相訴訟的人，子產把他們隔離開來，不讓他們知道對方在說什麼，然後顛倒他們的話告訴對方，終於掌握到了實情。

解讀：

語言的表達是互動的，會因為對方的說詞而調整自己的講法，如果用不同的說法去套對方的話，使對方誤以為某些真相已經暴露，那就可能套出更多的真相。例如兩人共謀偷得贓款，結果分贓不均而相爭，對於金錢的來源就可用隔離式詢問而問出。

衛嗣公派人裝扮成客商通過關口上的集市。管理關市的官吏刁難他，他就用金錢賄賂了關吏，這樣，關吏才放他過關。嗣公對關吏說：「某月某日某時有個客商經過你的地方，給了你金錢，你才放他走的。」關吏因而非常害怕，認為嗣公非常明察。

解讀：

現代政府也有廉政公署，從古到今都有貪官汙吏，上樑不正下樑歪，上位者貪大，下位者貪小；上位者不貪，下位者未必不貪。因此，要能查得到，罰得重，並且讓屬下無所逃遁於監督者，才能杜絕藉權力而獲私利的人。

三、勢的故事

(一)權借在下——權勢被臣下所利用

權力好比是君主的淵水，君主好像淵水中的魚，魚離開水，就不能優游；君主把權勢旁落給臣子，就再也收不回來。古人喜用譬喻，所以用如魚得水來作比喻，說明權勢的重要。

賞罰是銳利的武器，君主掌握它足以制服臣子，臣子盜用它足以蒙蔽君主。如何盜用？倘若君主事先顯露出行賞的心意，臣子就找機會向那些領賞者顯示自己的恩德；君主事先顯露出行罰苗頭，臣下就藉機向那些受罰者顯露自己的權威。所以《老子》說：「國家最有用的武器，是不能輕易顯露於人的。」

解讀：

權力是君主得以生存、治理的必要條件，有了權力才能施行賞罰；但是在施行賞罰時，又不能透露端倪讓屬下揣摩出來，否則君主的權勢就會被分散掉。因此擁有權勢的君主必須小心謹慎的執行，運用得好，權勢可以穩固變大，運用得不好，權勢會變小，甚至被取而代之。

靖郭君田嬰任齊相，和老友談話的時間稍長，老友就變得富有；賞賜近侍小物品，近侍地位就會提高。談話時間長、賞賜小物品，都是微小的事情，尚且可以藉此而致富，何況把權勢讓給官吏呢？

晉厲公時，六卿地位很高。胥僮和長魚矯勸諫說：「大臣地位高，權勢重，與君主爭持國事，他們與外國勾結，樹立私黨，對下擾亂國法，對上挾持君主，出現了這樣的局面而國家不危亂的，從來就不曾有過。」晉厲公說：「你講得對。」於是就殺了三卿。胥僮、長魚矯又勸諫說：「對於罪狀相同的人，只殺了一部分，卻不予滌除淨盡，就會讓留下的人懷恨在心，是讓他們有作亂的機會啊。」晉厲公說：「我一下子就殺了三位大臣，我實在不忍心將他們全部殺光了。」長魚矯接著說：「您不忍心動手，他們倒要狠下心來害您的。」晉厲公沒有聽從勸告。過了三個月，諸卿作亂，結果殺了厲公，並瓜分了晉地。

魯國的孟孫氏、叔孫氏、季孫氏通力合作挾制了魯昭公，結果佔有了他的國家，壟斷了他的權勢。魯國的三桓威逼昭公朝廷，昭公進攻季孫氏，孟孫氏、叔孫氏互相商量說：「要去救援嗎？」叔孫氏的車夫說：「我是個家臣，哪裡知道公家大事？大致看來，有季孫氏和無季孫氏哪種情況對我們更有利？」大家都說：「沒有季孫氏就沒有叔孫氏了。」車夫說：「既然這樣，那麼就去救他。」於是他們就從西北角衝了進去。孟孫氏見叔孫氏的旗幟已經進入戰場，他也派兵去救援。三桓合兵一處，魯昭公抵擋不住。三桓驅逐了魯昭公，結果魯昭公死在晉國的乾侯地區。

解讀：

韓非看出權力的擁有不是穩定不變的，而是一種隨時轉變的動態過程；因為只要擁有一點權力的人，當他嚐到權力的滋味，感受到權力帶給他的利益，就會運用他手上的權力，去爭取更大的權力，因為權力不爭就會被奪走。在權力爭奪的過程中，當還有權力在手時，就要充分運用，當權力小的集團為了維繫或擴充自己的權力時，就有可能形成階段性的聯盟，以與更大權力的對手相抗衡。當臣下要與君主爭權時，或當群臣聯盟要與君主抗衡時，君主千萬不能手軟、心軟，一定得心狠手辣，不然就會自取滅亡。

有個燕人並沒有中邪精神錯亂，別人卻要藉故用狗屎給他洗澡。這個燕人，他的妻子和別人通姦，他早上從外面回來，正碰上那人出門。丈夫說：「這是什麼客人？」他妻子說：「沒有客人。」問身邊的人，大家異口同聲說沒有客人。他妻子說：「你中邪了。」於是就讓他用狗屎來洗澡。

還有一種說法：那個燕國人名叫李季，喜歡出遠門，他的妻子私下和某個公子通姦，一天，李季突然回來了，那個公子還在屋內，做妻子的非常擔憂。她的女僕說：「讓這位公子光著身子，解開髮結，直接快步走出門外，我們這些人都假裝沒看見。」於是這位公子聽從她的計謀，快步跑出門外。李季說：「這是什麼人？」家裡的人都說：「沒有人啊。」李季說：「我看見鬼了嗎？」他妻子說：「是的。」「怎麼辦呢？」妻子說：「拿各種牲畜的屎來洗澡吧。」李季說：「好吧！」於是就用各種牲畜的屎來洗身。

解讀：

韓非收錄這個故事，就是想要告訴君主，臣下若聯合起來欺騙君主，將活的說成死的，把有的說成無的，君主是很容易受騙的。被騙了還被下人捉弄，就像那燕人李季一般，用各種牲畜的屎來洗澡。

(二)利異外借——臣下經由外交途徑獲得權勢

楚王想讓幾個兒子到四周鄰國去做官，他下面的臣子戴歇說：「不可行啊。」「讓主君的兒子們到四周鄰國去做官，四周鄰國一定器重他們。他們受到器重，得到了利益，自然成為這些國家的黨羽，您也就是讓公子們投效外國，以這樣的方式來教育兒子。這樣做對國家不利。」

公叔擔任韓國的國相，又要拼命和齊國交好。公仲很受韓王的器重。公叔擔心韓王讓公仲擔任韓相，於是就讓齊、韓結盟去攻打魏國。公叔竟然乘機把齊軍引入韓國國都，用來威脅他的君主，來鞏固他的相位，並重申兩國的協約。

翟璜是魏國國君的大臣，卻又和韓國交好。他竟然要召來韓國軍隊，讓他們攻打魏國，接著請求替魏王去講和，以此來提高自己在魏國的地位。

趙國的國相大成午從趙國到韓國，對在韓國的申不害說：「您用韓國的力量使我得到趙國的重用，我再用趙國的力量使您得到韓國的重用，這樣一來，就像您擁有兩個韓國，而我擁有兩個趙國一樣了。」

白圭擔任魏相，暴譴擔任韓相。白圭對暴譴說：「您用韓國的力量幫助我在魏國任職，我用魏國的力量扶助您在韓國任職，我長期在魏國掌權、您長期在韓國掌權，不是很好嗎。」

司馬喜是中山國君的臣子，但卻和趙國交好，曾經把中山國的謀略密告給趙王。

呂倉是魏王的臣子，但和秦、楚兩國交好。他暗示秦、楚兩國，讓他們攻打魏國，以便借機請求前去講和，藉此來提高自己的地位。

越王攻打吳王，吳國大敗，吳王謝罪並宣布臣服，越王準備答應。范蠡和大夫文種說：「不行。過去上天把越國給了吳國，吳國不接受，現在上天不幫助吳王夫差，這也是天意啊。上天把吳國給了越國，應當拜謝上天接受下來，千萬不能答應吳王的要求。」越國的太宰嚭送給大夫文種的信上說：「狡猾的兔子捕完了，好獵狗就會被煮來吃；敵國滅亡了，謀臣就會遭到殺害。大夫您為什麼不放過吳國，讓它成為越國的憂患呢？」大夫文種收信，讀過之後，長歎一聲說：「殺掉謀臣，越國和吳國將會遭到同樣的下場。」

解讀：

這幾個故事都是臣下利用國外的勢力來獲取自己的利益，提高自己在國家中的地位。韓非要國君特別提防這種人，但是「狡兔死走狗烹」則是韓非對於效忠國君的謀臣，不得善終的感慨；藉此也要提醒國君，就算眼前的威脅解除，也不能輕率除掉謀臣；因此，國君一方面要提防臣下的挾外力以自大，另一方面，也要能分辨忠誠之臣子的用處。

宋石是魏國的將領，衛君是楚國的將領。兩國交戰，宋石、衛君分別擔任兩國將領。宋石送信給衛君說：「雙方兵力相當，雙方的軍旗相輝映，假若一開戰必然不能兩全，希望不要交戰。這是兩國君主的事，我和您沒有私仇，最好的辦法是相互迴避吧。」

解讀：

這是要國君提防臣下會為了自己的利益與敵方大臣勾結，做出危害國家的事。什麼人會結合在一起？利益相同的人會結合在一起。人際間的利益是不斷變化的，在變化的過程中，階段性的利益相同是國君要特別敏感注意的。此外，當國君與臣下的利益不同時，國君被反叛的機會就大；國君必須藉著賞罰的運用使臣下的利益與自己的利益從不一致轉趨一致，就可善用臣下的能力達成富國強兵的目的。

(三)參疑內爭——宮內皇親的權力鬥爭

晉獻公時期，驪姬地位高，可以和君主的正妻匹敵。她想用自己的兒子奚齊來取代太子申生，就在獻公面前陷害申生並殺了他，於是獻公立奚齊為太子。

鄭君已經確立太子了，而有個受寵的美女想讓自己的兒子當繼承人，鄭君夫人害怕，就用毒藥暗殺了鄭君。

解讀：翻開爭奪王位的歷史，許多史蹟不堪入目，為了讓自己的兒子當太子，可以將同父異母的哥哥殺掉；為了讓自己的兒子當繼承人，可以將兒子的父親殺掉。在韓非看來，親情敵不過爭取權位的欲望，這些史實讓韓非瞭解到人心的險惡源於自利。

衛公子州吁在衛國地位很高，可以和衛君匹敵，群臣百姓都害怕他大權在握，後來州吁果真殺了他的君主並奪取了政權。

公子朝是周君的太子，他的弟弟公子根很受周君的寵愛。周君死後，公子根就率領東周叛亂，於是周分裂為東周與西周兩個小國。

楚成王把商臣立為太子，隨後又想立公子職為太子。商臣發動叛亂，於是起兵殺了成王。

另一種說法：楚成王把商臣立為太子，過後又想立公子職為太子。商臣聽說了這件事，但沒有弄清楚，於是就對他師傅潘崇說：「怎樣查清這件事呢？」潘崇說：「設宴招待成王妹妹江芈，但故意表現出不禮貌的態度。」太子接受了潘崇的建議。後來，江芈說：「呸，下賤的奴僕，難怪君主想廢掉你而立職呢。」商臣說：「事情得到了證實。」潘崇說：「你能侍奉職嗎？」商臣說：「不能。」「能做職的諸侯嗎？」商臣說：「不能。」「能發動大事嗎？」商臣說：「能。」於是商臣就發動守衛宮殿的軍隊去攻打成王。成王請求吃過烤熟的熊掌再死去，商臣不答應，於是成王只好自殺。

解讀：

臣弒君、子弒父、兄弟相爭，這是春秋戰國時代政權更迭的戲碼，韓非要君主注意的是：誰的權力過大？誰被特殊寵愛？事態的變化對於既得利益者有何影響？利益在人群中流動，紛爭也在人群中暗潮洶湧，君主必須敏感於屬下間與利益的競逐關係，防患於未然，如此才能避免自身的殺身之禍。

韓廆擔任韓哀侯的國相，而嚴遂受著韓君的器重，韓廆和嚴遂相互仇恨，情形已很嚴重，於是嚴遂就派人在朝廷上刺殺韓廆，韓廆跑到哀侯身邊抱住哀侯，刺客就刺殺韓廆，連哀侯也一起刺死了。

田常擔任齊相，而闞止受著齊簡公的器重，田常、闞止這兩個人互相憎恨並想殺掉對方。田常因此施行私人恩惠收買了人心，用來奪取國家政權，結果殺掉了簡公，奪取了政權。

戴歡擔任宋國的太宰，而皇喜受著宋桓侯的器重，戴歡、皇喜爭權奪利而互相傷害，結果皇喜殺了宋君，奪取了政權。

狐突說：「君主寵愛姬妾，太子就會危險；寵信近臣，執政大臣就會危險。」

解讀：

君主能顯現出對於某一屬下的特別寵愛嗎？從以上四段的歷史故事來看，顯然是不可以的。因為忌妒引發憤恨，憤恨帶來殺機；君主一方面要善用賞罰，另一方面又必須與屬下保持距離，不能太過親密；然而，君主行賞之時，容易顯露對於屬下的寵愛，所以如果賞罰依法，公平公正，屬下比較無話可說。這是一國的領導者必須時時注意的地方。

鄭國國君問鄭昭說：「太子到底怎麼樣？」鄭昭回答說：「太子還沒出生呢。」鄭君說：「太子已經確立了，您卻說沒有出生，這是為什麼？」鄭昭回答說：「太子雖然確立了，但是君主的好色之心不減；寵愛的姬妾如果有了兒子，君主必定喜愛他；喜愛他，就一定想把他立為繼承人，所以我說太子還沒有出生。」

解讀：

君主給臣下的觀感會影響到他在管理上的威信，權力的傳承在於法規，法規的穩定性在於立法者的穩定性，立法的君主隨欲望浮沉，也就破壞了法規的權威性，權力的傳承變數不斷，這個政權是無法穩定的。因此，在韓非看來，身為君主者，必須清心寡慾、潔身自愛。

(四)必罰明威——從嚴厲的處罰建立威信

魯國人焚燒一處積滿柴草的沼澤。那天刮北風，火勢向南延伸，恐怕會燒到國都。魯哀公害怕了，就親自率領眾人，並督促大家救火，但到火場之後，他旁邊的人都跑光了，大家都去追逐樹林裡跑出來的野獸，沒有人願意來救火，於是哀公就把孔子召來詢問。孔子說：「追逐野獸的人既快樂又不受罰，而救火的人既受苦又不得賞，這便是沒人要救火的原因。」哀公說：「有道理啊。」孔子說：「現在事態緊急，來不及行賞了；再說，假使救火的人都給予賞賜，那麼國庫財產也不夠發給大家。請您使用刑罰吧。」哀公說：「好吧。」於是孔子就立即下令：「不救火的，與投降敗逃者同罪；追野獸的，與擅入禁地同罪。」命令下達之後還沒有傳遍，火就已經撲滅了。

解讀：

這故事就說明了賞罰使用的時機與效果，人們多半是好逸惡勞，有利於己的事跑第一，抓了野獸有肉吃又好玩，跑去救火則有生命的危險，兩相比較，當然是去追野獸；但是，在一定的權勢支持下，將不救火與追野獸的行為予以重罰，這時就是人為的管理，改變了客觀的形勢，也改變了人群的選項；人們在兩害相權取其輕的心理反應下，很快就把火撲滅，完成管理者的目標。

成歡對齊王說：「大王您太仁慈，對人太不狠心。」齊王說：「太仁慈，太不狠心，這不是好名聲嗎？」成歡回答說：「這是臣子的優點，卻不是君主應該做的。臣子一定要仁慈，然後可以和他共事；對人不狠心，然後才可以和他接近。反之，就不是好臣子；這和君主的作為是不一樣的。」齊王說：「那麼我什麼地方太仁慈，什麼地方對人不狠心呢？」成歡回答說：「大王對薛公太仁慈，對田氏宗族太不狠心。對薛公太仁慈，大臣們就沒有權勢；對田氏宗族太不狠心，大王的叔伯兄弟就會犯法。大臣們沒有權勢，在外軍隊就會削弱；叔伯兄弟犯法，國內政事就會混亂。在外軍隊削弱，國內政事混亂，這是亡國的根源所在。」

魏惠王對卜皮說：「你聽到我的聲望究竟怎樣？」卜皮回答說：「我聽說大王慈惠。」惠王欣喜地說：「既然這樣，功效將怎麼樣呢？」卜皮回答說：「大王的功效是走向滅亡。」惠王說：「慈惠是做好事。這樣做了卻要滅亡，這是什麼道理？」卜皮回答說：「仁慈的人不狠心，行惠的人喜歡施捨。不狠心就不會懲罰有過錯的人，喜歡施捨就會不等臣下立功而加賞。有過錯不懲治，沒功勞受賞賜，即使滅亡，不也是應當的嗎？」

解讀：

從這兩段可以看到，韓非對於最高統治者與高階管理者的要求是不同的，最高統治者必須從更高的視野來觀察國家整體發展的利弊得失，他不能被親情、友情所矇蔽，因為在權力與財富的誘惑下，任何親情、友情都會變成可利用的工具，國君的地位隨時都有被取代的危險。因此，最高統治者必須小心謹慎，無情而嚴厲，保存權勢、運用權勢以明定賞罰、切實地執行法律，才能保持、維繫國家整體的利益。

四、利害相爭的故事

㈠利害有反──透過利害相反找出真相

陳需是魏王的臣子，又和楚王友好，就叫楚國攻打魏國。楚國攻打魏國，陳需乘機請求替魏王去講和以解圍，於是利用楚國攻魏的形勢做了魏相。

解讀：

臣子與國君的利益不同，臣子為了自己升官發財，可以做出賣國家利益的事；而國君則必須統管一個富有強盛的國家，這才對國君有利。這是為什麼韓非要一再提醒君主必須提防臣下的道理。

韓昭侯時期，官府買黍的種子價格偏高。昭侯派人檢查糧倉，管理倉庫的官吏果然盜竊了黍種並且賣掉了很多。

昭奚恤在楚國執政時，有人縱火燒了用茅草蓋的糧倉，但不知道縱火的人是誰。昭奚恤命令官吏逮捕販賣茅草的人，並加以審問，果然是他放的火。

韓昭侯時期，廚師進呈飯食，肉汁中卻有生肝。昭侯召來廚師的助手，責罵他說：「你為什麼把生肝放到我的肉汁中？」廚師助手叩頭承認死罪，說：「我私心想除掉主管大王膳食的人。」

韓昭侯洗澡，熱水中有小石子。昭侯說：「主管洗澡的如果被免職，照規定會有繼任的人嗎？」左右近侍回答說：「有。」昭侯說：「叫助手來。」叫來後，昭侯怒責他說：「為什麼在熱水裡放小石子？」他回答說：「主管洗澡的如果被免職，我就能夠代替他，因此在熱水中放了小石子。」

解讀：

要暸解事情的真相，就往誰能獲利的方向思考即可；管理糧倉的小吏監守自盜，黍種價高量少，表示量少有問題，誰能從中獲利？就是偷盜之人。燒了茅草屋頂，誰能獲利？為了重新再蓋屋頂，那當然就是賣茅草的人獲利。主廚若被換，誰能從中獲利？二廚的嫌疑就最大。主管洗澡的被換，誰能從中獲利？他的助手有機會升上來，因此他的嫌疑最大。韓非透過這些故事來提醒君主，要瞭解各人的利在哪裡，未見的真相就在那裡，這是可以採取的推理方式。他的根據就在於人人都是自為、自利的。不過，要提防心機重的臣下，也可以運用這種推理的心理傾向來陷害人。

㈡托於似類——讓君主自己下錯誤判斷的設計

齊國有個叫夷射的中大夫，在齊王那裡陪侍喝酒，喝得酩酊大醉後出來，倚靠在廊門上。斷了腳的守門人向他請求說：「您可不可以賞給我一點吃剩下的酒喝？」夷射大聲罵道：「滾開！受過刑的人怎麼竟敢向尊長要酒喝！」那守門人慌忙退下。等到夷射離開後，他就把水潑在廊門的檐溝下，像一灘小便的樣子。第二天，齊王出來看見了，大罵：「誰在這兒撒尿？」斷足的守門人回答說：「我沒看見。不過，昨天中大夫夷射曾在這兒站過。」齊王因而處罰夷射，把他殺了。

解讀：

這是借刀殺人之計，夷射雖然是個不小的官員，但是一個守門人受了他的屈辱，略施小技就可取他的性命；守門人用的計謀是要讓齊王自己去推論，他只需要製造一個可以被推論的現象，並且也不直說看到夷射在該處小解，只說他在那站了一會兒；完全讓齊王從現象中拼湊想像那情境，並且有十分把握認為那是合理的推論，於是就據此刑罰夷射。這故事有兩方面的提點，一是提醒君主要明察秋毫，即使是自認為對的事也要多方求證。另一方面是，不要自以為官大，別人動不了你，要是你得罪了人，別人要害你的方法千千百百種，在韓非所觀察到的人際關係，是在任何情況下防人之心皆不可無。

魏王臣子中有兩個人與濟陽君不和，濟陽君也是魏國的官員，他就故意教人假託魏王的命令而謀劃進攻自己。魏王派人問濟陽君說：「你與誰有仇？」濟陽君回答說：「我不敢和誰有仇。雖說如此，也曾和兩個人關係不好，但還不至於到這種地步。」魏王問了左右近侍，他們都說：「確實如此。」魏王就殺了這兩個人。

解讀：

這是苦肉計，同樣是製造讓君主自行推論的情境，濟陽君他的手法就是讓此一情境的發動者表面上是魏王，實際上有其他人；魏王為了自清，一定要揪出假傳軍令的人，合理推論就是與濟陽君有仇之人，且這兩個人與濟陽君不合之事乃眾所皆知的，於是當魏王問左右近侍所得到的答案，魏王就更會深信不疑而下令殺人了。

季辛和愛騫相互怨恨。司馬喜和季辛的關係剛剛惡化，就暗地派人殺了愛騫。中山國君以為是季辛幹的，於是就殺了季辛。

解讀： 利用現有的人際緊張關係，造成君主推理上的盲點，用間接的方式達到司馬喜剷除異己的目的，不過竟然以謀殺的方式為手段，顯露人心有多麼險惡。既然這是歷史上發生過的事實，君主必須瞭解相關的可能性，才不會被蒙蔽。

楚王寵妾中有一個叫鄭袖的。楚王新得到一個美女，鄭袖就告訴她說：「楚王非常喜歡看女子以衣袖遮口，你如果靠近大王，一定要遮住嘴。」美女晉見，走近楚王就遮著嘴。楚王覺得奇怪，詢問鄭袖其中的原因，鄭袖說：「她一來就說討厭大王的臭味。」等到楚王和鄭袖、美女三人坐在一起的時候，鄭袖事先吩咐侍從說：「大王如果講些處罰的話，一定要立即執行！」當美女上前來到靠楚王很近的地方，又多次以衣袖遮口。楚王越看越生氣，最後勃然大怒說：「割掉她的鼻子！」侍從聽到命令，立刻拔出刀來割掉了美女的鼻子。

另一種說法是：魏王送給楚王一個美女，楚王非常喜歡。楚王的夫人鄭袖知道楚王喜歡、寵愛這位美女，她也表現出喜歡、寵愛這位美女，比楚王更有過之而無不及。衣服珍寶，都挑選美女想要的送給她。楚王說：「夫人知道寡人喜愛新人，因而喜歡、寵愛這位新人超過了我，這也就是孝子奉養父母、忠臣侍奉君主的心意，太好了。」鄭袖知道楚王已不會懷疑自己內心中的嫉妒，就對新來的美女說：「大王非常喜歡、寵愛你，但討厭你的鼻子。你每次見到大王，要時常捂住鼻子，大王就會長久寵愛你了。」於是美女聽從了鄭袖的話，每次見到楚王時，就捂住鼻子。楚王感覺奇怪，就問鄭袖說：「新人在見我時，常捂住鼻子，這是怎麼回事？」鄭袖還裝模作樣地說：「我不知道。」楚王硬要她回答，她就一副很勉強的樣子，回答說：「不久前新人曾說討厭聞到大王的臭味。」楚王一聽，立刻發怒說：「割了她的鼻子。」鄭袖預先曾吩咐侍從說：「大王如果發了話，一定要馬上執行。」於是侍從就拔出刀來，割掉了美女的鼻子。

解讀：從鄭袖的奸詐設計可見，首先要取得楚王的信任；此一方面將來不會被懷疑，另一方面事後仍然可得寵。其次，要取得新人的信任；如此才能讓新人對她的話言聽計從；而這兩方面的目標都要對新人好才能達成。因此，她的珍寶只要新人喜歡，她都給。其次，鄭袖還做了兩個動作，其一是預先交代侍從，接到命令要快快執行，以免楚王後悔，這表示鄭袖對於楚王可能會有的反應摸得一清二楚，也對將要發生的情況有十足的把握。其二，是當楚王問她原因時，絕對不能透露出見獵心喜的蛛絲馬跡，因此還要裝出一副不想回答或不敢回答的樣子，等到被逼急了才不得已說出，如此給楚王更多自以為是正確的資訊。這些對初入新環境的人，並且在此環境中又有利益衝突的新人來說，一定要非常謹慎，倘若別人無故施予利益，其背後一定有某些不良的動機。韓非也要提醒君主的是，千萬不可被妻妾屬下，對於他的脾氣、性情摸得一清二楚，不然被妻妾屬下蒙騙而做出錯誤的判斷，就後悔莫及了。

費無極是楚國最高行政長官令尹所親近的人。郄宛則是新到的官員，在令尹身邊任職，令尹非常喜歡他。費無極就對令尹說：「您那麼喜歡郄宛，為什麼不到他家設宴喝酒？」令尹說：「好主意。」令尹就讓費無極到郄宛家置辦酒席。費無極教導郄宛說：「令尹非常高傲而且喜歡兵器，你一定要謹慎莊重的接待他，不妨事先把兵器陳列在廳堂下和門庭之中。」郄宛就照辦了。令尹前往，大吃一驚，說：「這是怎麼回事？」費無極說：「您危險了，快離開這裡，事情還不知會怎樣呢。」令尹非常憤怒，發兵討伐郄宛，接著就把他殺了。

解讀：

不只妻妾間會有利害之爭，臣下之間也會有爭權奪利的鬥爭；這個故事中的費無極與之前的鄭袖一樣，都是利用別人對他的信任，設計陷害新進的同事，只因為他們視新人為與他爭利的對手。這些奸計可以得逞，也顯示新人的無知與君主的昏庸。

犀首和張壽結怨，陳需剛到魏國做官，與犀首不和，就派人暗殺了張壽。魏王以為是犀首幹的，就處罰了犀首。

中山國有個地位低下的公子，他的馬很瘦，他的車很破。有個和他私下不和的國君近侍，就替他向國君請求說：「公子很貧困，他的馬很瘦，大王為什麼不增加他的馬料？」國君不答應。近侍就暗中派人在晚上燒了草料場與馬房。國君認為是這個地位低下的公子幹的，就懲罰了他。

解讀：君主的獎賞與處罰，是臣下可以利用的工具；只要讓君主以為他所推論的就是事實，因此誰與誰交惡，只要一人被殺，另一存留的人就是嫌犯，他的嫌疑最大，因為他有殺人的動機。想要陷害人，不一定是要說那個人的壞話，幫他求情再陷他於不義，因為那個貧困的公子有燒草料場與馬房的動機。這是臣下利用君主以動機定是非、以現象推原因、即予賞罰的一貫伎倆。

在濟陽君家的年輕侍從中，有一個未被濟陽君賞識而想得到寵愛的。當時正巧齊國派了一個老儒到馬梨山挖草藥，這個侍從想借這件事立功，晉見濟陽君說：「齊國派老儒到馬梨山挖草藥，名義上是挖草藥，實際上是刺探您的封地虛實。您若不殺他，他就要拿濟陽君洩漏機密的事去齊國報功了，請讓我去刺殺這個人。」濟陽君說：「可以。」於是第二天侍從在城北找到那老儒並把他殺掉，濟陽君隨即就開始親近這個侍從了。

解讀：幫君主解決問題就能獲得賞識，但是問題或困難是可以製造出來的，如果統治者無法分辨屬下所說事物的真相，那麼屬下就會利用主上這個弱點為自己牟利了。

㈢舉一反三——掌握多方的因果關係

伯樂教授兩個人識別會踢人的烈性馬。這兩個人，一起到趙簡子的馬棚裡去觀察馬。一個人選中了一匹愛踢人的馬。另一個人從後面來回觀察，再三撫摸馬的屁股，馬卻不踢人。選中馬的人自以為看走了眼。另一個人說：「你沒有看錯。這匹馬，前腿摔傷，膝關節腫了起來。凡是踢人的馬，抬起後腿之後，就要靠前腿支撐全身的重量；此馬前膝腫了，無法承受全身重量，所以後腿抬不起來踢人。你善於識別踢人的馬，卻不精於瞭解前膝腫大所帶來的影響。」事情的發生都有一定的起因，然而由於前腿腫大而不能承受全身重量的道理，獨有聰明人才會知道。惠子說：「把猿放到籠子裡，就和小豬一樣。」所以形勢不利就沒有條件表現出才能。

解讀：

君主用人要觀察他能否舉一反三，因為事情的因果關係複雜，相互關聯，必須要能從已知推未知，從局部看整體。伯樂所教二人，一人只見踢人之馬的局部特徵，另一人卻可觀察到馬在踢人時的全馬動作；透過實際的檢證，就可知道誰的辨事能力比較強。不然，就像把猿猴關在木籠裡，無法見到牠施展才能。

梁車剛擔任鄴縣縣令，他姐姐前去看他，天色已晚才趕到，城門已關，於是她越過外城進去，梁車就依法砍斷了她的腳。趙成侯知道此事後，認為梁車不慈善，就收回他的官印，免除他的官職。

管仲被捆綁起來，從魯國押送到齊國，路上又飢又渴，他路過綺烏邊防時，就向邊防官員討食。綺烏邊防官跪著給管仲進食，非常恭敬。邊防官私下對管仲說：「如您能僥倖到齊不死，並且在齊國執政，該怎樣報答我呢？」管仲說：「如果真的像你所說，我將會任用賢良之人，使用有能力的人，論功行賞，我能用什麼報答你呢？」邊防官因此怨恨管仲。

解讀：

梁車新官上任，奉公守法，完全不顧情面，連自己的姐姐觸法也絕不寬貸，但斷足之刑是多麼嚴重的傷害，況且還是自己的姐姐；連自己的姐姐都如此無情無義，又怎麼可能愛護百姓呢？這是趙成侯免去他官職的理由，背後的價值觀就是親情高於法律，法律不外人情。綺烏邊防官有著同樣的想法，在你管仲還沒有飛黃騰達之前，我先讓你欠我些人情，等你當上大官、握有權力時，你應該還我更大的利益；因此，他雖然跪著給管仲奉食，也不是真心誠意地恭敬，而是一種利益交換的期待。所以，這兩個故事讓我們思考：第一個層面，當法律與人情相互衝突時，何者為重？第二個層面，不同的人心中各有一把尺，做事的人除了秉持原則之外，是否也要考慮周遭人的觀感，特別是長官的價值觀。舉一反三，未必是類同性的「反三」，還有當面對新生變數時的延伸性、差異性「反三」。

(四)利用所趨——善用利益的驅動力

桓公問管仲：「富有邊際嗎？」管仲回答說：「水的邊際，就是沒有水的地方；富的邊際，就是人心不再需要財富的時候。可是，人心從來不知道在足夠富裕的時候加以收斂，那就沒有富裕的邊際了！」

解讀：人心面對財富，變成無底洞，多了還要再多。水有邊際就不會有水患；人心沒有邊際，就會欲望氾濫，造成不可收拾的患難。

魯國有個人他善於編草鞋，他的妻子善於織生絹。他想遷到越國去，有人告訴他說：「你一定會困窘了。」魯人說：「為什麼？」這個人說：「草鞋是穿在腳上的，但越國人赤腳走路；生絹用來做帽子的，是戴在頭上的，但越國人披髮，不用戴帽。帶著你的長處前往用不著它們的國家去生活，想要不困窘，怎麼可能呢？」

解讀：天生我材必有用，但是何時用？何處用？能否用？卻是必須考慮的因素。好的管理者，能適才適所的將不同專長的人放在合宜的位置上，讓他們各展所長。

黃鱔像蛇，蠶像毛蟲。人們看見蛇就驚恐害怕，看見毛蟲汗毛都豎了起來。可是養蠶的婦女拾蠶，捕魚的人捉黃鱔，因為有利益在其中，也就忘記了害怕，都像那衛國能拔牛角的孟賁，又像吳國敢去刺殺吳王僚的專諸一樣，那種氣蓋山河的勇士了。

解讀：人有許多行為的內在驅動力，但是不同的驅動力有層次與強弱之分，在韓非看來，作為一個領導者，必須掌握最大的驅動力。雖然有些事是人們所害怕的，只要提供更大的誘因，引發更強的驅動力，就可以改變人們的行為，而「趨利自為」就是領導者可以運用的最大的驅動力，可以運用在富國強兵的目標上。如何讓人的潛能發揮出來？如何讓困難的事得以完成？利之所在必有人可完成，重賞之下也必有勇夫。韓非從這些現象歸納出一普遍的原理，應用在統御群臣、治理國家上。

齊景公到晉國，隨晉平公飲酒，師曠坐陪。齊景公向師曠請教要如何處理政事，說：「治國之事，您將教我什麼呢？」師曠說：「您一定要施惠於民罷了。」飲到一半的時候，酒興正濃，齊景公又向師曠請教如何處理政事：「治國之事，您將教我什麼呢？」師曠說：「您一定要施惠於民罷了。」宴飲後，齊景公出門去住處，師曠送行。齊景公又向師曠請教如何處理政事。師曠說：「您一定要施惠於民罷了！」景公回到住處，一直思考著這句話，酒還沒有醒，就明白了師曠說話的意思。他想到他的兩個弟弟——公子尾、公子夏，很得齊國民眾的人心。他們的家業又富又貴，可以和公室相比，民眾又喜歡他們，這是危及君位的事情。現在師曠叫我施惠於民，大概就是讓我和兩個弟弟爭取民心吧？——於是景公回到齊國，發放米倉糧食給予貧困的民眾，散發財庫多餘錢財去賞給孤寡人家。米倉沒有陳年的糧食，財庫沒有多餘的錢財，君主沒有臨幸過的宮女嫁了出去，七十歲以上的人可以得到國家供給的糧食。這是把恩德布施給民眾百姓，用來和兩個弟弟爭取民心。過了兩年，景公的兩個弟弟出逃，公子夏逃到楚國，公子尾逃到晉國。

解讀：

施惠於民在不同的觀點下有不同的作用，在韓非的其他思想中曾指出無功不受祿，他並不贊成開倉賑災、救濟貧民之事，因為獎賞不能隨便施予。齊景公他的動機在於和他的兩個弟弟爭取民心，因為他在齊國的權勢受到威脅，如何取得百姓的認同與愛戴？那就是提供人民所需求的事物，讓人民獲得利益；其背後有權力鬥爭的考慮。

五、臣以事君、君以御臣的故事

(一)巧智進忠言

靖郭君田嬰準備在薛地築城，受到很多門客的勸阻。田嬰對負責通報的近侍說：「不要替門客們通報了。」有個齊國人請求接見，他說：「我只要求說三個字。超過三個字，就請把我煮死好了。」田嬰就接見了他。門客快步上前說：「海大魚。」說罷轉身就走。田嬰說：「請告訴我說的是什麼意思。」這門客說：「我不敢拿死當作兒戲。」田嬰說：「希望給我說清楚。」這門客回答說：「您聽說過大魚嗎？網不能捕住牠，用釣線不能拖住牠，但牠要是任性亂游脫離了水，螻蛄螞蟻都可在牠身上為所欲為。現在齊國也就是您的大海。您能長期掌握齊政，還要薛地幹什麼？您在齊國失去權勢，即使把薛城築得像天一般高，還是沒有用的。」田嬰說：「說得有理。」就把在薛地築城的事給停了下來。

解讀：

臣侍其君，有時忠言逆耳，必須想方設法讓君主願意聽、願意接受。那位門客就有這樣的智慧與勇氣。首先，田嬰已經不願見客，他還敢求見，這是他的勇氣；其次，他只說三個字為餌，算準了田嬰一定會追問，等他詢問了，再將理由說出，表達的時候又用了譬喻的方式，指出田嬰現已如魚得水，不必自外於齊國，而取得田嬰的認同，這是他的智慧。

有人向楚王進獻不死之藥，傳達官拿著藥進來。侍衛武官問道：「可以吃嗎？」傳達官說：「可以。」侍衛武官就搶過來吃了。楚王大怒，派人去殺侍衛武官。侍衛武官請人向楚王說明：「當時，侍衛武官他問傳達官可以吃嗎？傳達官說可以吃，侍衛武官才把藥吃了。這證明侍衛武官沒罪，罪在傳達官。況且客人進獻不死之藥，侍衛武官吃了而大王卻要殺他，那就成了會死藥，這是客人欺騙了大王。殺無罪的人而表明有人欺騙大王，還不如放了他。」於是楚王沒有殺他。

解讀：

侍衛武官的動機如果是為了保護楚王，擔心此藥有毒，因此以身試藥，這就值得嘉許。楚王顯然認為是侍衛武官為了自己可以不死的利益而搶藥吃，因此要殺他。侍衛武官的辯解，可從三方面來看，一是推給傳達官。二是客人不死藥的真假問題；若為真，他不該死，若為假，侍衛武官受刑而死，客人欺騙楚王也當受罰。三是從楚王的命令下手，如果楚王要殺他，就表明楚王受騙，楚王自己顏面也掛不住。如此，這就是一個忠臣而有機智免除殺身之禍的故事。但這個故事有一些地方交代不清楚，侍衛武官與傳達官的對話所提問題沒有主詞，侍衛武官所問：「可以吃嗎？」在傳達官的理解，可能是「楚王可以吃嗎？」傳達官說：「可以。」並不意味著同意侍衛武官可以吃。這是語意含混之處。此外，「不死藥」是指吃了不會死，還是吃了不會遭遇殺身之禍，也有語意上的含混需釐清。

㈡廣結善緣——在朝靠朋友

衛國的將軍文子去會見曾子，曾子沒有起身就邀請文子入座，自己卻端坐在西南角的尊位上。文子對他的車夫說：「曾子是個愚蠢的人啊！如果把我當作君子吧，對君子怎麼可以不加尊敬呢？如果把我當作殘暴的人吧，對殘暴的人怎麼可以輕侮呢？曾子不被殺，那是他運氣好。」

陳軫很受魏惠王所重用。惠子說：「一定要好好交結君主的侍從。你看那楊樹，橫著栽種就能活，倒著栽種也能活，折斷了再栽還照樣能活。但要是讓十個人去栽，一個人來拔，就沒有能活的楊樹了。憑十人之眾，栽種極易存活的楊樹，卻經不起一個人來拔，這中間的道理是什麼呢？是因為栽樹困難，拔樹容易。你雖然善於在君主面前樹立自己，但企圖趕走你的人很多，你一定有危險了。」

解讀：

臣下侍君，不能眼中只有國君而沒有同僚，因為得罪了同僚，大家都在國君面前說你壞話，你有再大的功勞也無法獲得國君的信任；就像大量的種楊樹，只要一個人來拔，你就無法應付。並且之前的許多故事已說明，同僚間的交惡會惹來殺身之禍，甚至殃及君主。

㈢勿因小而失大

智伯將要征伐仇由國，但道路艱險難通，於是鑄了一口大鐘贈送給仇由國君。仇由國君非常高興，準備修通道路把大鐘接受下來。大臣赤章曼枝說：「不行。送鐘本是小國侍奉大國的事情，現在大國送大鐘來，他們的軍隊一定會跟隨在後，大鐘是不能接受的。」仇由國君不聽，於是接受了大鐘。赤章曼枝就截短兩車輪外側的轂軸以便趕路，逃到了齊國。七天後，仇由國就滅亡了。

解讀：

忠臣進言，昏君不聽，亡國乃是咎由自取。重點是赤章曼枝並沒有隨仇由國君同進退，而是自己想辦法趕緊逃走。韓非保存這個故事，或許他認為臣下盡本分即可，不必隨不明事理的君主一起滅亡。

有個衛國人嫁女兒而教育她說：「一定要私下積聚財物。做人家的妻子而被休回娘家，是常有的事；終身在一起的，那是很僥倖的。」他的女兒因此私下積聚財物，為人小氣，她婆婆認為她私心太多，就休了她。被休返家，她帶回家的財物，比出嫁時所帶去的東西多出一倍。她的父親不歸罪於自己教育女兒不對，而自以為先前對女兒的教育是對的，增加自己財富是聰明的。現在處在官位上的許多臣子，都是這一類人。

解讀：

君臣關係在韓非看來，只是相互算計，各謀其利。能夠終身相伴的君臣關係，少之又少，既然如此，為臣子的當然就要利用在位有權勢時，多儲存累積自己的財富。然而也因為如此，有許多臣子丟了官位；就像那婆婆看出媳婦私心太重，而把她給休了。其中韓非似乎主張固然人皆好利，但不可太貪。為人臣者，也不可以預設將來遲早要離開君主的態度來侍君。

馴養烏鴉的人要剪斷烏鴉的翅膀和尾巴末端的羽毛。剪斷翅膀和尾巴上的羽毛後，烏鴉就必須靠人餵養，怎能不馴服呢？明君蓄養臣子也是這樣，要使臣子不得不貪圖君主給他的俸祿，不得不臣服君主給他的官職名位。既享受君主給的俸祿和君主給的官職名位，怎麼能不順服呢？

太公望受封於東方的齊國，齊國的東海海濱有兄弟二人，名叫狂矞、華士，是隱居的士人，他們明確地主張：「我們不臣服於天子，不交結諸侯之朋友。靠自己耕作吃飯，靠自己挖井飲水，我們無所求於別人。不要君主給的官爵名聲，不要君主給的俸祿，我們不為做官忙碌，而自食其力。」太公望到了齊國首都營丘，便派官吏捕殺了他們。他們成了太公望到齊國後，最先殺戮的人。周公旦在魯國聽到這消息後，派出緊急的驛車趕到齊國，向太公望詢問說：「那兩位隱士是道德高尚的賢人。現在您有了封國卻殺賢士，這是為什麼？」太公望說：「這兄弟兩人提出明確的主張是『我們不臣服天子，不交結諸侯。靠自己耕作吃飯，靠自己挖井飲水，我們無所求於人，不要君主給的官爵名聲，不要君主給的俸祿，我們不為做官忙碌而自食其力。』他們不臣服天子的話，那我就不可能把他們看作臣子了；他們不結交諸侯的朋友，那我就不可能差遣他們了；他們靠自己耕作吃飯，靠自己挖井飲水，不求助於別人的話，那我就不可能用獎賞來讓他們努力，用刑罰來禁止他們犯罪。況且他們不要君主給的官爵名位，即使有智慧，也不能為我所用；他們不仰賴君主授予的俸祿，即使賢能，也不能為我建功。他們不願意做官就不能治理事情，不接受任用就對主上不忠。再說，先王之所以能驅使臣民，不是依靠爵祿，就是依靠刑罰。現在爵、祿、刑、罰都不足以差使他們，那麼我將做誰的主子呢？不打仗立功而顯貴，不從事農耕而揚名，這可不是來教導人民的好辦法。

假如有匹馬在這兒，樣子看起來像千里馬的樣子，是天下最好的馬。但驅趕牠，牠不前進；制止牠，牠不停步；叫牠左，牠不左；叫牠右，牠不右；那麼奴僕雖然低賤，也不會利用牠的腳力。一般人之所以希望把腳力寄託在千里馬身上，是因為依託千里馬可以得到利益，避免災害。現在此馬不受人的支配，奴僕雖然低賤，也不利用牠的腳力了。這樣，他們自以為是世上的賢士，而不願為君主所用，自以為行為高尚，卻不肯為君主效力，這不是明君所需要的臣子，也就像不受控制的千里馬一樣。因此，要把他們殺掉。」

解讀：

在韓非的心目中，臣民必須有兩方面的存在要件，一是受國家法制的激勵與約束，二是經由法制賞罰可以對國家有所貢獻或有用的人。在上述的故事中，有一個重要的因素是，狂矞、華士他們雖然是隱士，但是他們是天下公認的賢能之士，也就是他們是有影響力的人，他們的主張也可能形成一種價值觀或風氣，而這種風氣有破壞社會朝法制化發展的作用，因此太公望要用這麼極端的方式除掉他們兩人。韓非收藏這個故事，很可能他也同意國君要用強烈的手段，清除阻礙法治的任何障礙。

㈣明主治吏不治民

若有人想要影響一棵樹的每一片葉子，如果一片一片逐一地掀動樹葉，累得半死，也不能把葉子全部揭遍；如果從左右拍打樹幹，那麼所有的樹葉就都會晃動了。走到深潭的旁邊搖樹，鳥被驚嚇而高飛，魚因恐懼而深潛。善於張網捕魚的人，拉起魚網的綱繩，就捉到魚。如果要逐一地撥弄網眼，然後捉魚，那就不但勞苦，而且也難以捕捉到魚了；只要牽引網上的綱繩，魚就自然被網住了。所以官吏與人民的關係，就像樹幹與樹葉、綱繩與網眼，官吏就像樹幹和綱繩，因此聖明的君主管理官吏而不去管理民眾。

救火時，叫主管官員提著水壺、水罐跑去救火，那就只有一個人的作用；拿了鞭子、短棍指揮，驅使人們撲救，就能指揮上萬的人員去救火。因此聖明的君主不親自治理百姓，不親自處理小事。

造父正在田裡鋤草，這時有父子駕車路過，馬受到驚嚇而不肯走，做兒子的下車牽馬，父親下來推車，還請造父幫他們推。於是造父收拾好農具，綑成一束，放在車上託運，攀上車子，操控馬韁和鞭子，還沒真正使力，馬兒就一起向前奔跑了。假使造父不會駕馭，即使全力幫忙推車，勞苦身體，馬還是不肯前行。現在他自身操作得很安逸，而且還可以把農具放在車上，又有恩惠施於那對父子，就是因為他懂得方法駕車啊。所以，國家好比是君主的車子，權勢好比是君主的馬匹。君主要是不懂法術駕馭它，自己即使很勞苦，國家還是不免於混亂；有法術來駕馭它，自己不但能處在安逸快樂的地位，還能獲得統治天下的帝王功業。

解讀：

韓非很喜歡用馬車來比喻國家，馬代表力量、權勢，刑罰為馬鞭，國君就是車夫，馬車駕得好，要有一定的方法；國君治國也有法、勢、術的搭配，抱法處勢之外，用術就是君對臣的統御方法，如果臣都能管理得好，民就自然遵守秩序。況且，國君也不可能去管理每一個小老百姓的事；因此，明主治吏不治民。

六、待人處事的故事

(一)見禍躲藏

惠子說：「羿套上拉弦工具的扳指，圍上皮質的袖套，拉開弓來牽引扳機射箭時，連關係疏遠的越人都敢爭著為他舉箭靶。小孩子拉弓射箭時，連慈母都會躲進屋裡關起門來。」所以說：「可以肯定沒有危險時，就連越人也不懷疑箭會射到自己；不能肯定沒有危險時，就連慈母也要躲避張弓射箭的孩子。」

解讀：

人或多或少都要面對未知的情況，但是未知的情況卻可從已知的情況來推測，后羿是神箭手，人們幫他拿靶也不怕。實力是決定性的因素，而不是血緣關係的親疏遠近，這個故事暗示著有能力治理的人讓人民放心，沒能力的人就算是皇親國戚，大家也要逃離危險之地。

有人和蠻橫的人作鄰居，想賣掉住宅加以躲避。有人勸他說：「這人將惡貫滿盈了，你不妨姑且等待一下。」想賣住宅的人說：「我倒害怕他會用我來填滿罪惡哩。」於是就離開了。所以說：「事情到了危急關頭，再也不應該拖拉了。」

解讀：

這故事的寓意在於見禍躲藏要及時，面對事態的發展，未來雖然有許多的可能性，但是評估其往好的方向或往壞的方向發展，還是會有一定的比例，若往壞的方向可能性較大，那就及時抉擇，採取行動，才能避免災禍。

(二)未雨綢繆與成見難遷

楚國攻打陳國，吳國去援救，楚吳兩軍相距三十里。下了十天雨後，晚上放晴了。史官倚相對子期說：「下了十天雨，盔甲和兵器都集中存放著。吳軍一定會來，最好多加防備。」於是擺出了戰陣。戰陣還沒擺好，吳軍就到了。一看到楚軍布陣，吳軍就折兵返回。倚相說：「吳軍來回六十里，軍官們一定需要休息，士卒們一定需要吃飯。我們行軍三十里去襲擊他們，必定能把他們打敗。」子期聽了他的話，終於打敗吳軍。

解讀：首先是未雨綢繆，在天候轉變時，馬上有應變的措施；其次是攻其不備，當對手疲累休息時，先發制人。雖然這故事是軍事思想，但也可以運用在其他競爭的情況。

鄭國有個人，他的兒子將去做官，告訴他的家人說：「一定要把壞了的牆修建起來，這牆不修好，別人會來偷竊的。」他鄰居也說同樣的話。後來，因為沒有及時修好，果然有人來偷了他家的東西。鄭人認為他的兒子聰明，但卻把說同樣話提醒修牆的鄰居看作盜賊。

解讀：人常有先在的成見，對於親近的人、喜愛的人比較信任；對於疏遠的、討厭的人則容易懷疑。如果將這種成見用在君臣之間，同樣是臣下說的話，但是在國君的心中卻有不同的評價。

㈢「自以為」對別人觀感的影響

楊朱路過宋國東邊的一家旅店。店主有兩個妾，其中醜的受寵地位高，漂亮的不受寵地位低。楊朱問店主緣由，旅店的主人回答說：「長得漂亮的自以為漂亮，我不覺得她美；長得醜的自以為醜，我不覺得她醜。」楊朱對他的弟子說：「德行高尚，要去掉自以為高尚的想法，到哪兒能不受到敬重呢？」

解讀：

人美醜的評價有主客觀兩方面的考量，客觀上，同一時代的審美觀有他的相似性，這就是這故事前面的美醜描述，但是主觀上人的「自以為」卻會帶來相反的效果。美的「自以為」帶來高傲，反而讓人討厭；醜的「自以為」帶來謙遜，反而讓人喜歡。

商紂不分日夜、漫無節制地飲酒，因狂歡而忘記了當天是什麼日期，問他身邊的左右近侍，都不知道。就派人去問箕子。箕子對隨從說：「身為天下的君主，使自己和左右的人都忘記了日期，天下恐怕很危險了。大家都不知道而我一個人知道。我恐怕也要遭遇危難了。」就推說喝醉了酒，並不知道日期。

解讀：

人對別人的「自以為」會有特別的反應，因為每個人都有自己的「自以為」，箕子是一個有智慧的人，他知道什麼時候要用什麼方式回應，才是最恰當的。這不是「眾人皆醉我獨醒」，而是「眾人皆醉我不敢醒」，如此才能明哲保身，自求多福。

㈣吉凶禍福相反相成

智伯向魏宣子要求土地，魏宣子不給。任章說：「為什麼不給呢？」魏宣子說：「平白無故索要土地，所以不給。」任章說：「智伯無故索地，鄰國一定會害怕。他欲望深重而不知滿足，天下一定會恐懼。您給了他土地，智伯一定驕傲而輕敵，鄰國一定恐懼而相互結盟。用相互結盟的軍隊來對付輕敵的國家，那麼智伯的壽命就不會久長了。《周書》上說：『想要打敗它，必須暫且幫助它；想要奪取它，必須暫且給予它。』您不如把土地給予智伯，以便使他驕傲起來。況且您何不用天下的力量來共同對付智氏，而偏要把我國作為智氏的攻擊目標呢？」魏宣子說：「好。」於是就把一個萬戶人家的城邑割給了智伯。智伯十分高興，接著又向趙國要求土地。趙國不給，智伯因而圍攻晉陽。韓氏、魏氏在城外反戈，趙氏在城內呼應，智氏就此滅亡了。

解讀：

這是老子思想，也是「反者，道之動。」的道理，事態會變化，人心欲望會隨之改變，不論如何改變，發展到了極端，都會朝相反的方向發展。如此，懂得此道理的人就可以做一些事，讓事態加速發展到極端，這樣就可以避免己方的危險，或達成想要完成的目標。

楚王伐吳，吳王派沮衛、蹷融用酒食慰勞楚軍。而楚國將軍說：「把他們捆起來，殺了來祭鼓。」楚人問沮衛、蹷融說：「你們來時，占卜過嗎？」他們回答說：「占卜過。」「是吉兆嗎？」他們說：「是吉兆。」楚人說：「現在楚軍將要用你們祭鼓，怎麼說呢？」他們回答說：「這正是吉利的所在了。吳王派我們來的時候，本來就等著將軍發怒！將軍發怒了，吳軍將深溝高壘；將軍不發怒呢，吳軍將麻痹懈怠。現在將軍殺了我們，吳軍就一定會警惕起來嚴加防守了。再說國家的占卜，不是為個人臣子占卜。殺掉一個臣子而保存一個國家，這不叫吉利，叫什麼呢？再說死者無知的話，用我們祭鼓也就沒有好處；死者有知的話，我們將在打仗的時候，讓楚軍戰鼓敲不響。」楚人因而沒殺他們。

解讀：

沮衛、蹷融到敵營去傳達善意要有相當的勇氣，面對楚王要殺他們而能鎮定應答，要有相當的機智。能夠說服楚王不殺他們，也要有一定的方法。其方法是楚王發怒與不發怒都對吳軍有利，以及死者有知或無知對楚軍都無益的雙重論證來說服楚王。

管仲、鮑叔牙相互議論說：「君主昏亂極了，必定會丟掉國家。齊國諸公子值得輔佐的，不是公子糾，就是小白。我和你每人侍奉一個公子，先成功的就提拔另一個人。」管仲就隨從公子糾，鮑叔牙跟隨小白。齊國人果然殺了他們的君主。小白先回齊國國都立為新君。魯國人把管仲拘禁起來獻給小白，在鮑叔牙的推薦下，管仲做了齊國宰相。所以俗話說：「巫咸雖然善於禱告，卻不能袪除自己的災禍；秦醫雖然善於治病，卻不能針灸好自己的病痛。」憑管仲的英明，還要等待鮑叔牙的幫助，這就是俗諺所說的：「奴隸賣自己的皮衣而賣不出去，士人誇讚自己的口才也沒人相信」。

解讀：

許多人懷才不遇是沒有遇到貴人或好的時機，管仲要靠自己毛遂自薦，齊桓公就不會重用，要有鮑叔牙的引薦，管仲才有一展長才的機會。韓非也是一樣，徒有滿懷的理想抱負，卻不為韓王、秦王所重用，這是他為什麼對於管仲的際遇有這麼大的感慨了。

參、韓非的人性管理

第一單元介紹了韓非的生平以及他的思想與先秦各家思想的比較，第二單元根據《韓非子》書中的故事，分門別類地介紹他思想中的重要概念以及其中的道理，這些道理以故事的方式串聯在一起，雖然生動有趣，但畢竟比較零散。在這一單元，將向讀者介紹韓非思想整體性的理論架構以及應用方法，主要是針對韓非對於歷史、人性的主張所衍生出的法治思想，並將此法治思想應用在管理上。

一、歷史的發展是進步還是退步？

一個人，生活在一個時空變動的環境中，充滿各種威脅，他要如何生存？他要如何求發展？韓非就生存在這樣的一個時代，當時，子弒其父，臣弒其君，大夫之家圖謀諸侯之國，國與國相攻伐、相兼併，正是所謂：「今有大國即攻小國，有大家即伐小家，強劫弱，眾暴寡，詐欺愚，貴傲賤，寇亂盜賊並興，不可禁止也。」為何歷史會發展成如此的景況？我們可以先考察韓非對歷史有何看法。他對於歷史的看法可稱之為「演化的歷史觀」。在他之前，有儒家、道家、墨家他們都肯定古代聖王的典範，建立起好的傳統，值得我們後世人學習。我們也可以想一想，人類的歷史，到底是不斷的進步呢？還是不斷的退化？為什麼有一句話說：「人心不古」。是否人們的內心善良的部分隨著時代的改變也越來越流失了？大家看看現在社會新聞這麼多，多麼慘，多麼亂啊！有搶劫的、自殺的、殺警察的、食品安全、謀財害命……的社會新聞，不勝枚舉。在幾十年前，那時臺灣的環境比現在單純多了，社會上沒有那麼多駭人聽聞的新聞；所以歷史到底是進步，還是退步呢？現代科技的發展，到底帶給我們更好的生活？還是更差的生活？

我們可以從不同的角度來看這個問題。孔子最欣賞的是周朝的典章制度，他說：「郁郁乎文哉，吾從周。」孔子生活於春秋末期，他希望能夠回到西周那一種禮樂教化昌盛的時代，透過執政者的修養、德行就能感召、教化人民。而墨家的墨翟，他所崇尚的精神，是夏代的大禹治水的精神，要興天下之利，除天下之害。甚至為了治水可以三次經過他的家門而不入。墨家就是效法這種為完成大我而犧牲小我的精神。所謂「摩頂放踵，利天下而為之。」可見墨子他所尊崇的是夏代的聖人。

我們再看老子對歷史的看法，老子要回到更早的上古，他說：「使民復結繩而用之，甘其食，美其服，安其居，樂其俗，鄰國相望，雞犬之聲相聞，民至老死，不相往來。」他憧憬回到上古時代人們用結繩紀事的時代，食衣住行無憂無慮，並不需要擴大部落、國家的規模。他又說：「絕聖棄智，民利百倍；絕仁棄義，民復孝慈；絕巧棄利，盜賊無有。」老子認為，聖與智都是人們所標舉追求的對象，將某一部分的優點擴大成全部，將相對的表率變成絕對的模範；仁與義也是在道德上的標準，原本只能在小範圍時空評價上予以肯定，卻被人們誇大了它的價值，當人們都追求聖智仁義時，反而失去了原本素樸的本性，形成裝模作樣，虛偽僵化的造作，社會的亂象都是由此而生出；因此老子要人們「見素抱樸，少私寡欲。」他認為，人世間的道德是大道廢了以後，才有仁義名號的虛飾。其實，原本的人心最素樸，最真實，最天真，像赤子之心的那種心態，才是最自然的、最好的狀態。所以老子要回到更早的時代，也由於他對歷史的看法，他的政治主張，是要小國寡民，雞犬相聞，老死不相往來的那種自然情況。

相對於前面儒、道、墨三家歷史的「退化觀」，韓非的主張是什麼呢？我們先看一個實際的例子，我們現在很多人開福特牌的汽車，福特汽車公司是怎麼樣發展起來的呢？在二十世紀初，車子還不是很普遍，當時很少家庭或個人能擁有車子，福特公司的老闆福特先生，他不斷思考要怎麼樣才能夠大量的生產，改進工廠的生產技術，有一天他在芝加哥郊外，參觀了一個屠宰場，觀察這個屠宰牛隻工廠的運作方式，牛隻進來之後，怎麼樣呢？先用電擊把這些牛電死，電死了以後，怎麼樣去毛，怎麼樣開腸剖肚，怎麼樣把牠們切塊，如何冷凍……他發現那個流程，並不是一個人全權負責處理一整頭牛，而是有一個動線流程，在流程中的每個定點，都只有一個工人，他只做他那部分的幾個動作，完成動線上的階段任務。他看到了這個工廠的運作情況之後，他就開始思考，如果我的汽車生產也能建立起類似的動線，用一種生產線的方式，讓我的每一個工人也負責少部分的工作，熟能生巧，一定可以加快工廠生產汽車的速度。大概在一九一一年左右，他開始有這個構想，經過了十年的研發修正，到一九二一年的時候，全世界第一條汽車生產線，終於在福特廠開始正式運作。這個就是求新求變的方法，他因此而降低成本，因為原本一個技工他必須要有多方面的技術才可以去裝配一臺車，且速度很慢，當有了生產線的設計之後，僱用的工人，就不需要要求那一些有高級技術及統合車體的技工，他只要會做一兩種動作，或小部分的技術即可，例如某一個部門負責裝車門，某一個部門只要會上輪胎，這樣子一般的工人就可以勝任，透過設計的運作流程，每個技工在他這個部門裡面只要負責少量的部分，就能夠讓車子很快的大量生產，並且也能夠降低成本。但那時福特汽車，在創新生產線並獲得許多利潤後，他們的成長便開始停滯。當時，福特汽車的市場佔有率將近百分之七十，但他們只出同一種款式，同一種顏色的汽車。後來通用汽車就思考要怎麼樣才能夠將福特所佔有的市場率把它扳回來。於是通用汽車想辦法要創新，怎麼創新？他們開始生產不同顏色、不同檔次、而且可以平民化、大眾化的汽車，來符合不同消費者的需求。除此之外，他們又採用分期付款購車的方案，來鼓勵消費者購車。後來，福特汽車的銷售果真大量萎縮，通用公司便成為市佔率第一名。

從以上的說明，我們可以瞭解歷史的確是不斷變化，不斷在演進的，不斷在進步的。我們必須要能應時而變，不能僅用一套方法，從以前一直用，用到現在都不變。

韓非正是有這樣子的主張，他首先否定上古帝王道德崇高的說法，他說，大家都稱讚古代聖王的那種禪讓政治，但我們想想看以前的那些聖王，他們所過的是一種什麼樣的生活？即使是天子也不過是粗茶淡飯，所用的食器也不過是用陶土做的碗，陶土做的羹匙，也沒什麼大魚大肉好吃，讓那些所謂的聖王辭去天子，是一件很容易的事，他本來就沒有因為天子的身分獲得什麼利益，所以他不做天子，他當然也無所謂；或許他自己早就願意下臺，換人來做，可以省去他的責任與負擔。可是，在韓非那個時代，任何人只要當過一任縣長，他的幾代子孫都可以駕馬車、住豪宅、享受榮華富貴。所以韓非說，古代輕易辭去天子容易，但要在韓非時代自己辭掉一個地方官、縣官，卻是非常不容易的事。為什麼？因為所得的利益不一樣，過的生活不一樣。因此，韓非認為古代聖王並不值得我們去稱頌他們。

韓非的看法很特別，他主張人們不必事事都效法先王，因為上古民智未開，自然環境險惡，容易受到野獸的侵擾、傷害，當時有人觀察到鳥類或觀察了猩猩的生活方式，看到牠們在樹上築巢而居，比較安全。於是就模仿動物到樹上去搭建避風雨、防野獸的窩，後來大家有樣學樣地移至樹上居住，果然比較安全，人們就說那個發明上樹居住的人，是個聖王，叫做有巢氏。

韓非又指出，上古之民，他們吃東西都是生食、生肉，河裡面抓起來的魚、蚌殼都生吞活剝，吃了以後容易胃痛、腹瀉、生病。又有一個人，在打雷之後樹林著火，他發現燃燒過的動物肉，不但滋味好，而且吃了不會肚子疼，於是他發明了熟食，為了經常有熟食可吃，就更進一步發明了鑽木取火，造福了許多古代百姓。於是古代的先民也就稱那個發明者為聖人，叫他做燧人氏。韓非說燧人氏距離他生活的年代有兩千多年，如果韓非那個時代還用那種方式來生活的話，大家一定會笑他，可見我們不能把以前的東西照搬到現代。所以，韓非說，像有巢氏、燧人氏、治水的大禹……，他們的確都在他們生活的時代，做了一些創新的、有貢獻的事，但是我們未必事事都學他們；當然，如果適合現代生活使用的方法、工具，我們還是可以學著用。最後，韓非推導出一個結論：「世異則事異」，「事異則備變」，這兩句話什麼意思呢？簡單地說就是：時代變了，事情就跟著變了，事情改變了，我們應對的政策，相應的設備、制度，也就要跟著改變。《韓非子・五蠹》篇又說：「是以聖人不期脩古，不法常可，論世之事，因為之備。宋人有耕田者，田中有株，兔走，觸株折頸而死，因釋其耒而守株，冀復得兔，兔不可復得，而身為宋國笑。今欲以先王之政，治當世之民，皆守株之類也。」意思就是：真正的聖人不預期著事事學習古法，不效法經常不變的做事規則；面對時代中正在發生的事，因應時代的變遷而做出調整。例如在春秋時期有個宋國的農夫，在他的田地上有一棵樹。有一天，一隻奔逃的兔子慌亂中撞上這棵樹的樹幹，斷頸而亡。農夫見到這情形，十分高興。於是竟然把他耕田的工具給扔了，天天守著這棵樹，希望還能再得到撞樹的野兔，可是再怎麼等也等不到了；反而被宋國人取笑。韓非認為那些想用先王施政的辦法來治理現在人民的君主，就像守株待兔的農夫一樣愚昧。

韓非又指出：上古民性純樸是以道德表現來號召天下人；中世之後，人心已經複雜、虛偽了，於是就看誰比較有智謀，才能得到民心，治理好國家；而在韓非的時代，國與國之間則是爭於氣力，也就是在於國家的實力，國家實力的強弱關鍵就在於農、戰，也就是軍事力量與農耕生產，這是他對於歷史演變的看法，並呼籲執政者必須面對時代問題提出的解決之道。

我們再看另一個例子。在魯國住了兩戶人家，一個姓施，一個是姓孟，姓施的這個人家呢，有兩個兒子，大兒子是學文的，二兒子是學武的。他們學成之後，大兒子就跑到齊國，遊說齊王，要行仁義之道，齊王非常欣賞他，讓他當太子的老師。二兒子是學兵法的，學成後從魯國到楚國去，去跟楚王講怎麼樣發展軍事，怎麼樣來擴展國家的軍事武力，楚王也非常欣賞他的才幹，讓他做大將軍。施家的兩個兒子，都有很好的發展。鄰村另一戶人家，姓孟，也有兩個兒子，同樣也是一個學文，一個學武。有一天孟氏跑來問施氏說，你的兩個兒子是如何能夠得到這些高官厚祿，榮華富貴，衣錦還鄉的呢？這個施氏就照實跟她講自己兒子們的種種際遇。施氏聽完之後，趕快回去教她那兩個兒子出國找機會發展；只是大兒子學成之後，他跑到秦國去，跟秦王遊說要用仁義之道，秦王聽了非常生氣，「我要統一天下，你叫我用仁義之道，你根本就是不識實務。」結果秦王竟然把孟氏大兒子判了宮刑。然後放逐回到魯國去。孟氏的二兒子呢，學成之後從魯國到了衛國，當時衛國是個小國，他遊說衛君，應該要發展軍事，發展武力。衛國的國君聽了以後，非常不悅。他說：「我們國家就那麼點大，我們對大國要順從，對小國要安撫，你現在教我們要發展武力，告訴我們這些兵法有什麼用，打得過那些大國嗎，這豈不是自取滅亡。怎麼能留得下你這好戰份子，若留得下你，將來你到別的國家去宣傳武力，其他國家聽了之後，豈不來打我們？」於是，衛君竟然判他刖刑，刖刑就是把腳從膝蓋的地方砍斷。孟氏這兩個兒子一個受宮刑，一個遭刖刑，好不容易才回到故鄉。他們的母親孟氏看著這兩個不幸的兒子，嚎啕大哭。為什麼會這樣呢？她跑去跟她鄰居施氏理論，同樣兩個兒子，同樣學文學武，為什麼你家的兒子就可以榮華富貴，我家的兩個兒子，回來之後只剩半條命？都變成殘廢的？施氏聽了之後告訴她，「情況不一樣啊，你兒子去的國家與我們不一樣，你兒子所面對的國君也不一樣啊！」

這個故事，讓我們知道歷史在變，時空環境在變，人事也在變。不是一套辦法，一套作法，在任何的地方都能夠吃得開，都能夠得到好結果。必須順應時代的潮流，應變而變。

接下來我們看看韓非在面對歷史變化的因應之道，日新月異的世局要如何因應呢？簡單的說就是：因時制宜。

在鄭國有一個人，他要買鞋子，他先在家裡面量好他腳的尺寸大小，然後把尺寸刻在竹簡上，匆匆忙忙地到市集去買鞋子，沒想到，到了市集，走到賣鞋的攤位，居然找不著那個刻有尺寸的竹簡，他就對老闆說：「你等我，我回去拿了尺寸再來。」他家距離市集有一段距離，等他再跑回來的時候，人家賣鞋子的已經走掉了。韓非舉這個例子，他的意思是什麼？腳在你的腿上，你在市場上，你要買鞋子，直接量不就好了，幹嘛還要回家拿你在家記的尺寸？他這個故事的寓意在於指出：他身處的那個時代，很多君主什麼事情都要法古、都要效法先王，這就好像那買鞋的，明明所需要的是他現在腳的尺寸，如果你硬要回去拿以前的尺寸，你就會錯失可以解決問題的良機。現在如果你就知道這個國家、社會所碰到的問題是什麼，想辦法解決當下的問題就好。因此，面對不斷變化的環境與人、事、物，就是要懂得怎麼樣應時而變。

二、面臨抉擇，絕大多數的人會利人還是利己？

韓非身處戰國末期，那個時候幾乎年年都有戰事，民不聊生，甚至有些大戰血流成河，秦、趙之戰死了四十萬人，如此的生存環境，國與國之間是怎樣的關係，人與人之間又會是怎樣的關係？在如此不穩定的時空背景下，我們才能瞭解韓非所觀察到的人性，在那個時代所展現出來的樣貌。

雖然我們在這節所談的是韓非的人性論，那並不代表這就是真實的、普遍的人性。它代表的是一個特定時空，過去歷史當中的一種型態展現。可是古時候發生的事跟我們現代就沒什麼關係嗎？當然，人性還是有它共通的地方，他在那個時代，所看到的人性跟我們現在這個社會，有某些時候，某些地方，某些角度，還是非常接近的。

韓非所處的那個時代，不是從他開始有人性論的，儒家、道家、墨家各家都有對人性的看法。以下，我們先談一談儒家對人性的主張。首先大家都背過，或者聽過《三字經》，開頭的幾句說到：「人之初，性本善。性相近，習相遠。」

「性相近，習相遠」，就是孔子他對人性的看法，他認為每個人的人性是很接近的，但是由於後天環境的不同，習染不同，就會改變一個人的行為表現，但那人與人相近的東西到底是什麼？

孟子認為人人相近的就是性善，為什麼？因為孔子講過：「仁者，愛人」，他也說過：「己欲立而立人，己欲達而達人」，也就是如果我自己希望能夠有所成就，我要將心比心地幫助別人有所成就；如果我自己希望能夠在社會上通達發展，那我也要將心比心地去幫助別人能夠有所通達發展。孔老夫子還講過：「己所不欲，勿施於人」以及「為仁由己」。既然，人可以愛他人的力量來源，是來自於人自己本身，那麼人的本性當然是善的。你要成為一個仁人君子，靠你自己就可以的。

孟子就在這個地方，接續著孔子的思想來談，他認為人的本性是善的，他舉個例子說，如果一個小孩子快要掉到井裡面去，不管你是誰，經過了那口井看到將要掉下去的小孩子，你一定會有惻隱之心，你一定會有不忍之情，你一定會同情他，你一定會想要救他，這是你起心動念的第一個反應，不是因為你認識他的父母，不是因為你希望別人來誇獎你，也不是因為你怕別人說你怎麼見死不救；那沒有任何的條件，不是任何的交情，而是你看到這個景象，你自己內心所生出來的第一個念頭，那就是惻隱之心，惻隱之心就是「仁」，接著孟子還講了羞惡之心、辭讓之心、是非之心，也就是仁、義、禮、智的四端之心，所以他認為人的本性就是善的。孔子所說「性相近，習相遠」，那「相近的」是什麼？孟子說相近的東西就是「善」。

與孟子同時還有一個人叫告子，告子對「性相近，習相遠」這種說法有不同的詮釋，他認為其實人性不是善，也不是惡，而是無善也無惡；就像水，從上游流下來之後，它在東邊的缺口決堤，那麼這個水就往東邊流；它在西邊的缺口決堤，那麼它就往西邊流。這就好像後天的環境，一個人在都以暴力解決問題、燒殺搶奪的環境裡面長大，那他就容易成為一個惡人；如果他在一個書香門第、溫文儒雅的環境中成長，他就容易成為一個和善的人。所以告子認為，人性是無所謂善惡的。

從「性相近」來看，儒家的荀子則主張人性是惡的，因為孔子說：「克己復禮為仁。」既然人是需要加以約束自己欲望的，因此從人所具有的各種不當欲望來看，人性當然是惡的。他認為人都有耳目之欲，人都有好利之心，你看那個小孩子在幼稚園玩玩具，沒有人教他，他拿到手的玩具，就當成自己的。挑水果，他會要吃大的。挑糖果他會要拿多的。人的本性，其實就有本然的好利之心，有好利之心，就會彼此爭奪，互相爭奪的結果是什麼？社會失去了秩序，天下就會亂了。所以荀子主張人類本性其實是惡的。面對人性之惡，如何建立起社會秩序？從「習相遠」來看，荀子認為必須透過外在的師法，禮樂的教化，才能夠把它導正過來，這也就是荀子所謂的「化性起偽」。這個「偽」不是虛偽的「偽」，而是「人為」。人性必須要透過後天的學習、教化，才能夠把它加以改善。有學變好、不學變壞，那韓非是荀子的弟子，也受到他思想的影響。

以上，介紹的是在韓非之前的各種不同人性論，那韓非他對人性的看法是什麼？他認為人性是自利的，而且荀子所教的那一套，要靠外在道德的勸說、道德的教化，禮樂的師法來加以改善，他覺得根本做不到。到了他那個時代——戰國末期，國與國之間的兼併，戰爭連年，人心險惡，只有靠嚴刑峻罰，非常嚴厲的那些刑法，才能夠讓一個國家富強起來。他舉了許多例子，像是父子關係，孩子小的時候還不覺得，等他稍微大一點，他就會比較。像窮困家庭的小孩，到了小學上學帶便當，看到別人怎麼都是雞鴨魚肉，為什麼我的是蘿蔔乾，他就會埋怨，為什麼別人家吃得那麼好，為什麼別人家有轎車，我們家卻什麼都沒有，為什麼我們家會那麼窮？等這個小孩子長大賺錢之後，做父母的又會埋怨這個兒子，你看別人都拿多少錢回家？爸媽生病了，你都不回來看看，養你有什麼用？所以韓非觀察父子之間的關係，其實仍然是自私自利的。父母心存養兒防老，子女也意識到這種相對關係，心想：「你們對我好，為的是什麼，還不是希望你們老的時候，有人照顧你們。」

《韓非子》裡面還寫到，他們那個時代，如果生了兒子，彼此恭賀，若生了女兒則殺之。因為男的才有生產力，生了女兒，他養不起，就不要了。重男輕女，也是為了將來自己的利益。韓非舉這個例子來說明父子之間親情的關係，仍然存在著自私自利。

再從夫妻間的關係來看。韓非舉例，在衛國有一對夫婦，丈夫要出去做生意，太太就在他出門前幫他祈禱：「可敬的上蒼，求祢保佑我家夫君出門做生意，能夠賺到錢，讓他賺一百錢平安回來。」她先生聽了之後不以為然地說：「等一下，等一下，妳反正是祈禱嘛，妳怎麼只祈禱我賺一百錢呢？一千、一萬錢，不是更好嗎？」他的妻子說：「不行啦，你如果賺太多，就會討小老婆，這有什麼好。」從韓非舉的這個例子，他讓我們看到夫妻之間，也都是存在著自私自利。

此外我們再看看《韓非子》書中其他的例證，有個地主，請工人來幫他收成，他在中午的時候，就準備很好的食物，來招待這些工人，工人做起事來也相當的賣力，都把地主的果實收拾得很好，沒有掉落在地上，也沒有踩壞的，工人們都很認真地工作。這種主僕的關係，就好像是父子一樣，這麼樣的親密，可是韓非的分析卻不這麼看。其實，主人希望工人們好好的幫他收成後，他可以賣錢，賺更多，所以才準備豐盛的點心、食物。工人為什麼那麼賣力呢？那是因為他可以領到好的報酬，說不定還有獎金，所以他才這麼賣力。由此看來，主僕的關係，也都是自私自利。

那君臣關係怎麼樣？韓非說更是自私自利。君臣關係根本都是以計謀彼此互相算計的，國君是為了鞏固他的權力，所以他才會對他的臣子好，賞賜給他們榮華富貴。那些臣子呢，他們為了追求榮華富貴，所以表面上，好像為國君賣力治國，如果沒有了名位、財富的誘因，真正有一天要他去死，他才不幹。這是韓非所觀察到當時的君臣關係。

還有在一般人際關係中，像是古代的王良愛馬，越王句踐的愛人，為的是什麼？因為王良他是很會駕馬的人，他希望他的馬跑得快；越王句踐他為什麼愛人呢？因為他要復國，所以他愛他的子民。在韓非看來，這些都有背後的動機，其實都是為了自己的利益。

古代，一個人腳上長膿瘡，幫他看病的醫生竟然願意蹲下去，把他的膿吸出來。這麼噁心的事情，為何醫生卻願意做呢？在韓非看來，那是醫生為了要醫藥費，他為的是賺錢，不要以為那醫生多好，若不給他錢，你看那醫生敢不敢、願不願意做這麼噁心的事情。

《韓非子》書中還有許多例子。他說那些做轎子、做車子、做馬車的商人，希望大家都富有，因為這樣他們的轎子、車子才賣得出去，大家才能發大財，那些希望大家都很有錢的商家，我們不能說那些人就很講仁義；同樣，我們也不能說那個做棺材的人，希望街坊鄰居家裡面多幾個死人，就認為他是個壞人。我們為何不能這樣說？因為那些做車子、做轎子的，希望大家有錢發財，才有能力去跟他買車子，買了車子他賺錢。做棺材的其實也是一樣，也是為了生活，為了能賺點錢，只不過做出來的商品，是「棺材」罷了。如果都沒有人死，他賣什麼？他吃什麼？他會活不下去的。所以韓非把各種人際關係，都從自私自利的角度去理解。他認為每個人行為背後的動機，都離不開圖謀自己利益的核心部分。

因此，韓非結論，人人都是為求自己利益的。我們不也常常聽人講：「人不為己，天誅地滅。」一般人理解成：「人都是為自己的利益而行動，不然連天地都會誅滅你。」

其實這個「為」字，是有「道德修養」之意，也就是說，人如果不修養自己的品德，那天地會誅滅你的意思，所以多數人誤解此話的意義了。不過，大多數的人會如此誤會地引用此語，也表示他們認同人人自私自利是生存的基本原則。我們現在如果瞭解到，韓非所強調：人性都是為自己利益的，那麼一群人生活在一起，會怎樣呢？

三、如何管理這一群利己之人？

人性自利的話，那麼要如何管理這樣的人呢？韓非認為可以用賞與罰這兩種方法；所謂人性自利，賞罰可用。人們為了要得到自己的利益，當管理者給他獎賞，就會鼓勵他努力去得到好處，管理者不希望他做什麼事情，就給他規定相應的處罰，人們趨利避害，這樣社會秩序就能建立起來，國家就一定能夠富強。

我們可以舉一個透過管理機制改變而解決問題的例子，叫做「三個和尚有水喝」。一般大家比較熟悉的是，三個和尚沒水喝。也就是：一座廟，剛開始只有一個和尚，從山上到山下去挑水，一個人挑水，自己喝，不挑就沒得喝。過了不久，廟裡來了第二個和尚，這第二個和尚呢，看著有人挑，他就不幫忙。那天天挑的和尚當然生氣了。「耶，你怎麼光喝水卻不來挑水？」

「好吧，那我們兩個一起去。」第二個和尚自知理虧，訕訕地說。

兩人分工合作，於是一起去抬水喝。這就是兩個和尚抬水喝。

過了不久呢，廟裡又來了第三個和尚。這第三個和尚，看到有兩個人會抬，他也不動。這兩個和尚當然不甘願，大聲吼著「一起來抬！」，「一起來抬！」第三個和尚也不甘示弱地說：「三個人要怎麼抬？」結果他們三個和尚吵了起來，吵得不可開交，大家賭氣，沒有人願意去挑水，結果他們就都沒水喝了。

不過這個故事，後來有了新的變化，不一樣了。現在講的三個和尚，是三座廟裡面，各有三個和尚。第一座廟的三個和尚，為了大家有水喝，他們就商量出一個辦法，這個辦法就是用接力的方式，好像跑接力賽一般，第一個和尚到河邊去挑水，到了三分之一路程，第二個和尚把他手中的水桶接過來，繼續挑，挑到了三分之二的路程，再由第三個和尚接手，把水挑到水缸邊，倒在水缸裡，就這樣子沒幾趟，水缸裡的水就滿了。於是也就解決了他們的飲水的問題。這是第一座廟的情況。

第二座廟，其中住著三個小和尚，和一位老和尚。這個老和尚，為了大家有水喝，他就想出了一個辦法，他說：「你們三個人都去挑水，挑得多的，晚上加一道菜，挑得最少的，晚上就沒有菜，吃白飯。」結果，那三個小和尚都非常努力的去挑水。所以呢，他們還是一樣有水喝。

第三座廟，也有三個和尚，他們怎麼解決他們的飲水問題呢？其中一個和尚提議說：「我們這個廟離河有一段距離，我看到山上有很多的竹子，我們把那竹子砍下來剖成一半，將中間竹節打通，我們再把每根竹子接起來。然後，再去買一個轆轤（就是古代抽水的機器），就能夠把水運到山上去。」結果他們三個人分工合作，剖竹子的剖竹子，接竹水管的接竹水管，然後買個轆轤，終於把河水抽起，往廟裡運送，雖然沿途竹管有些漏水，但是他們三個和尚也還是有水喝。

這三座廟裡面的三個和尚，他們都解決了他們的飲水問題。第一座廟，是機制創新，他們用接力賽的方法，解決了他們的問題。第二座廟，他們是用賞罰的方式，這可以叫做管理創新，管理創新有賞有罰，能夠激勵三個小和尚去挑水。第三座廟，他們也有創新，這可稱為技術創新。技術創新不是用挑的，也不是用抬的，而是用竹水管和轆轤等工具，把河裡的水運到他們的廟裡去。這三種創新我們從韓非演進的歷史觀來看，就是應時而變的一個很好的例證。其中第二種的賞罰管理正是韓非所採取的法治思想，是韓非重要的哲學思想。這也與他對人性的掌握有密切的關係。

以下我們就來談一談韓非哲學中，實際運作管理的制度——法。法家，當然是以法作為核心的概念。從現代的觀點來看，「法」是一種管理的制度，要讓一個組織有效率的運作，制度設計是非常重要的。

我們可以先看看下面這個故事，這個故事是真實的，發生在十八世紀的時候，英國人要把犯人運到澳洲去；一方面將犯人跟他們的社會隔離，另一方面也可以藉由這些犯人開墾澳洲這片土地。於是他們就徵召了很多的貨輪和大商船。不過所徵用的貨船，多半都是舊船，差不多是該要淘汰的，那些船主心想，反正是最後的價值利用，就用來運送那些犯人。在運送的過程中，因為船上設備老舊、環境髒亂、空間狹小，碰到了許多問題。有很多的犯人生病，甚至在運送的過程中死掉了，而且比例很高。譬如在英國港口，有四百個犯人上船，等運到澳洲的時候，居然死掉了一百五十多個。英國政府看這樣下去不是辦法，於是，就把那些船主全部召集來，向他們進行道德的勸說。

「他們雖然是犯人，可是他們也是人，你們要好好照顧這些人，要注意他們的健康狀況，要給他們充足乾淨的飲水，要給他們足夠的食物吃。……」

可是，道德勸說一段時間之後，船主還是依然故我，犯人還是死掉很多。後來英國政府就想改善現行的制度，他們規定在每一條運送犯人的船上，派駐一位英國政府的官員，並且必須有一個隨船醫生，犯人若生病了，有醫生來幫他診斷、醫療，並且有官員來監督在船上是否有虐待犯人的情況。結果，情況略有改善；但沒多久，各船的情況又故態復萌。原來那些官員，大都被船主買通，有些醫生若不配合船主要求，連醫生都有被丟下海去的案例，實在沒辦法解決問題。

英國國會不斷開會討論，設法解決。此時，有一個年輕的議員，提出了一個方案，他指出原先制度設計上的錯誤，因為那些船主在英國港口，是算人頭領錢，運一個犯人領多少錢，兩個犯人領多少錢，四百個犯人，就領四百個人的錢。如此，船主反正已經領了錢，怎會願意增加成本好好照顧犯人？提供好的食物、飲水、醫療只會增加他們的成本，減少他們的利潤。年輕的議員說：「我們政府在制度設計上，根本就不應該在犯人上船的時候發錢，而應該在澳洲上岸的時候，再數人頭給錢。你活一個到岸，我們才給船主一個人的錢，若中途死掉了，我們就不給錢。」結果，當這個制度一修改之後，立刻大幅度的改善了犯人的死亡率，因為那些船主，為了多賺一點錢，自動的就把醫生、藥品、食物、飲水相關能夠保存犯人生命的事物、設備，都盡量準備得很齊全。這是為什麼？因為不管怎麼樣，總要讓犯人盡可能活著下船，船主才能領得到錢。後來，最好的記錄是，一船四百多人的運送過程中，只死掉了一個人。

這說明了什麼？這說明了正確設計制度的重要性。制度就像一個遊戲規則，大家按照這個規則來進行。從韓非來講，這個正確性規則的根據，就在於「人性自利」。就像那些船主都是為了賺錢，制度的設計能讓他得到越多的錢，就越能影響他做事的方法，因此，管理者希望達到怎樣的結果，就可以依照人性的傾向，設計具有賞罰的制度。

所謂制度，也就是法家的「法」。韓非是怎麼看待這個規範臣民行為、使國家富強的制度？他認為法的實質，必須要有三個特性：第一，公正性；第二，強制性；第三，普遍性。何謂公正性，在古代社會中，許多貴族享有特權，即使犯罪也未必受罰。韓非則認為，國家的法律必須具有公正性，才能使百姓信服。因此，同樣的罪要有同樣的刑罰，不能因人而異或差別對待，立法必須要公平。而且立了法，在執行的時候必須要有強制性，不論誰犯了法，都一定要執行，不能曠時費日拖延，雖然判刑卻不執行。再者，要有普遍性，即使王公大人，貴族犯法都要一體適用。

因此，韓非說：「刑過不避大臣，賞善不遺匹夫。」以下舉兩個例子，春秋時期，楚王（荊恭王）跟晉厲公打仗的時候，兩國的軍隊交鋒，打了幾十回合下來，結果楚王受傷，楚國戰敗。楚國有個大將，名叫司馬子反，武藝高強，勇冠三軍。但是卻在這場戰爭中失敗而返，回到他的軍營休息；他的一個部屬，也是他的好友，名叫做豎穀陽，看他的長官疲累不堪，口乾舌燥，就端來了一碗飲料，香氣撲鼻，他喝一口，說道：「哎呀，這是很香的酒嗎？」豎穀陽心想主帥今天鎩羽而歸，心情不佳，希望他能夠好好休息一下，就騙他說：「這不是酒，這是此地甘泉。」司馬子反也不仔細分辨，就一碗一碗的大口喝下，不料，竟然喝醉了。

楚王吃敗仗之後越想越氣，打算重整旗鼓，要以突襲的方式，去攻擊晉國的軍隊，殺他個措手不及。他就派人去找司馬子反前來商議，「趕快叫子反前來我的營帳。」由於司馬子反喝得太醉了，站都站不穩，他就傳令稟報佯稱心痛，沒辦法前去。楚王獲報後，心生疑惑，「好端端的猛將，又不見負傷，何以會心痛？」他就親自到了司馬子反的營帳，當他一進去營帳，就聞到濃濃酒味，楚王大怒，說道：「今日之戰，關係重大，寡人親自出戰，眼已受傷，指揮全軍就完全靠你了，誰知你在這緊要關頭竟敢胡來，這不是存心要讓楚國亡國嗎？像你這樣置國家利益於不顧的嗜酒之徒，楚國的父老鄉親，楚國的百姓何辜？你還能再率兵打仗嗎？罷了！這仗打不下去了！」於是楚王就依軍法下令把司馬子反給殺了。這個例子，在於強調刑罰的公平性，不管你是高官、貴族或者是匹夫、平民，在軍法的規定下，大家都一視同仁。

另外，還有一個例證。晉文公有一個愛將，叫顛頡，跟著他好多年了，南征北討立下不少戰功。晉文公還有個謀臣，向晉文公建議：「我們現在要讓國家富強起來，凝聚力一定要強，主上在執行法令時，一定要公平。」晉文公十分認同他的看法，並且下一道命令：「三天之後，所有的將領，都要於正午十二點以前準時集合在文公的營帳裡，凡遲到者殺無赦。」

結果沒想到，顛頡他竟姍姍來遲。文公的愛將，跟他在外面出生入死，跑了十幾年，今天他遲到了，到底要不要依他的命令殺無赦？他的法令已經公告出去，怎麼辦？文公當下猶豫不決。不過他的謀臣說：「還是要殺，以昭公信。」文公萬分無奈地批准把顛頡給殺掉了。而且是以斷脊的刑罰處決他，砍斷脊椎，這是很殘忍的刑罰。但是把顛頡殺了之後呢，整個軍隊產生了很大的變化，不論高級將領、中階軍官、各路戰士，發現顛頡跟文公的關係這麼親密，犯法了以後，照樣依法處死，毫不寬貸。他們心想「我跟文公的關係，哪比得上顛頡」。於是大家都不敢違抗軍令，切實遵守國家的法律，軍隊形成了鐵的紀律，凝聚了一股很強的向心力。

之後，晉文公接下來的幾場戰爭，有八次都打勝仗，包括跟楚國、鄭國、宋國、魯國、虢國……，總共贏得了八次勝仗。這就是「斬顛頡一舉而有八功」。所以，法律訂下來的賞罰規定一定要有公平性、執行上要有強制性、對象上要有普遍性，即使是國君的愛將也不能例外。

此外，韓非的「法」思想，有三個形式條件，首先它必須是成文法，法律必須要訴諸文字，不能由審判者隨便口頭講一講就算。其次，法律必須要公布出來，要讓人民知道，人民知道了才瞭解哪些事可以做，哪些不可以做，做了那些事的賞罰程度、刑度如何。再者，這個法必須具備平等的精神，大家一視同仁，刑度也不因身分地位而有差別。這些早在兩千多年前的法律形式條件，與我們國家的刑法第一條，「行為之所以要被處罰，必須是法律明文有規定者為限」的精神相同。行為之處罰，是行為者在做這個行為的時候，法律上有明文規定，要以這個標準作為它的限度。換句話說，也就是「法無明文不罰」。這就稱為「罪刑法定主義」。「罪刑法定主義」之中，還包含著「禁止追溯」的精神，這都可以從韓非的思想中看到端倪。

在英國有一段時間，他們的法律訂出來之後，是可以追溯既往的，導致大臣之間利用立法的可追溯特性彼此鬥爭。如某人今天做了某件事，若其他大臣認為他犯法，他們就可以在事後立一個新法，來懲罰那個人，如此國政紊亂、爭鬥不休。所以，「罪刑法定主義」的精神很重要。今日各國的刑法也有這樣的精神，韓非在兩千二百多年前，就已經有如此的思想，是難能可貴的。

有一次，楚王為了一件很重要的事情，臨時召太子進宮有要事商議。當時，楚國訂了一個法律，凡是進到楚國王宮的馬車，只能在外宮門下馬，不准到內宮的門口下馬。但是這一次，楚王有要事急召太子，天又下著大雨，經過外宮門時，見地上積水甚多，所以太子就駕著馬車，往楚王的內宮門那個方向走，守門的侍衛見太子的馬車不停，就擋在路中，不讓太子的馬車過去。那太子，不理會侍衛，打算硬闖。那侍衛就拿著他的兵器戳太子的馬，馬受到驚嚇，驚恐躍起，如此一來，整個馬車就翻覆了，太子也當場從馬車上摔了下來，摔得全身都濕了，又痛又沒面子，他很生氣，也只好用走的，一路氣急敗壞地衝進宮中，去找楚王議論，「父王，您一定要將門口的侍衛處死，他連我太子，都敢不讓我到內宮門來下馬車，害我摔馬受傷。」楚王此時非常的冷靜，他跟他兒子講：「你想想看，這種侍衛多麼難得，我是國君，你是太子，將來你要接我的位，我們都是國家裡權力最大的人。可是，他居然能夠這麼樣的守法，人人都像他一樣，我們楚國就可以富強了。我不但不會殺他，而且還要將他進爵兩級。」然後，他跟太子談完事情之後，對太子說，「你從後門走，以後不要再提這件事。」這就表示楚王知道遵守法律的這些人，是必須要加以肯定的，是值得獎勵的，因為這樣才能建立起制度、法律的權威。

四、立法的目的為何？又該如何立法？——法

「法」固然很重要，接下來我們看看要如何立法呢？立法的目的跟原則為何？韓非認為立法的目的，其實是為了愛民與利民。

我們先談目標管理，有一個國家，有兩個雕刻師傅，雕刻技術都非常的高超，他們國家的大臣議論著要辦一場比賽，看看到底哪一個雕刻師傅的技術最好。國王也同意，說：「把那兩位雕刻師傅找來比比。」那兩位雕刻師傅很快就給找來了。國王說：「我出題目，限你們三天之內，各雕出一隻老鼠，看誰雕得最像，我就要封他為我們國家的雕刻之王。」「是，遵命。」兩個人領了命令之後就趕快回去雕刻自己最滿意的作品。三天很快就過去了。他們分別拿出他們的成品，送到宮中，要給國王和這些大臣評斷。第一個拿出來的作品，像極了一隻老鼠，維妙維肖，跟真的老鼠簡直一模一樣，那個老鼠的鬍鬚，猛然一看，好像微微在動。

大臣們說：「這個雕得好，這個雕得太好了。」

國王說：「好，我們來看看第二位雕刻師傅的作品吧！」

第二位雕刻師傅慢慢把他的創作拿了出來。

大家疑惑地驚嘆：「咦，這什麼東西？」

只見一團四不像的怪異形象，鼠頭不像鼠頭，鼠身不像鼠身，老鼠尾倒像根刺一樣。大臣們說：「這個能叫老鼠嗎？」「這是個抽象雕塑吧？」「……」大家七嘴八舌，議論紛紛。所以，他們很快就判定第一位雕刻師傅才是他們國家雕刻界的第一名。

此時，第二位師傅向國王申辯：「能不能稍微等一下？」大家將懷疑的眼光轉向他。第二位師傅緩緩道出：「請問若要分辨是不是老鼠，是人分辨得比較準呢？還是貓分辨得比較準呢？」國王想了一想，說：「這當然是貓分辨得比較準。」第二位師傅接著說：「那能不能讓貓來分辨一下，我們兩個雕的老鼠誰比較像真正的老鼠？」國王聽他這麼說，也覺得有趣。於是大聲說：「來人啊！找貓來啊！」國王急忙下令要人找來三、四隻貓，看看貓的反應如何。

不一會兒，找來了三、四隻貓，牠們瞪著兩隻老鼠雕塑，全部都撲向第二個雕刻師傅的那隻不像老鼠的老鼠，竟然還用貓嘴去啃。

這下子，大家沒話說了，事實擺在眼前，顯然貓兒都偏好第二隻「老鼠」。

國王只好宣布：「我們全國雕刻師傅的第一把手，就是這隻『老鼠』的作者。」

宣布名次之後，國王很納悶，就問第二個雕刻師傅：「你是怎麼雕的？你怎麼懂得貓的審美觀，你怎麼瞭解要如何雕，才能從貓兒眼中看起來更像老鼠？」那雕刻師傅說：「報告國王，我不是用木頭雕的，我是用大魚的魚骨頭雕的啦！」「哎呀！原來如此。」國王恍然大悟。

其實第二個雕刻師傅，就是他有他的目標導向，也就是說，做事要以當下的目的為準，現在的目的就是要讓大家都公認的裁判——貓來決定，那貓喜歡什麼，牠不會喜歡木頭，你雕得再像，牠也不會去咬它，所以他用有腥味的魚骨頭來吸引那些貓。

韓非講立法的目的，就在於愛民跟利民，可是「法」在實行的時候，會讓人民覺得痛苦；尤其在剛剛立法的時候，嚴刑峻罰，大家都覺得這立法者真的是害慘我們，其實法家前面幾個人物，像商鞅、吳起、李悝，他們都死得很慘，因為那些要求變法者，使很多既得利益者受到不小的損害，所以這些既得利益者聚集力量反撲，使當初的變法者，他們有的是萬箭穿心，有的是五馬分屍。像商鞅屍體送回咸陽還被車裂示眾；吳起則在楚悼王去世後，楚國貴族趁機發動兵變攻打他，吳起被貴族們用箭射殺身亡，屍體還被肢解。

當然也有變法成功的案例，像法家前期人物子產，在治理鄭國的時候，第一年大家都想殺他；過了三年，鄭國社會的秩序非常良好，可以說是夜不閉戶，於是大家又都非常讚賞他。而韓非呢，在《韓非子．六反》篇中他提到：「故法之為道，前苦而長利。」當你用法來治理國家的時候，剛開始人民會覺得很痛苦，可是就長遠的利益來看，對人民是有幫助的。

統治者若用儒家的仁義道德來管理國家，人民都很喜歡，因為在上位者有愛心，寬容為懷，當罰不罰，可是長久以往，這個國家就會混亂。所以韓非〈心度〉篇說：「故其與之刑，非所以惡民，愛之本也。」韓非雖然認為人性是自為的，必須用嚴刑峻罰來治理，但是他立法的目的，還是在愛民、利民。他乃是著眼於當時的民性以及比較長遠的治理效果上來考量。在〈問田〉篇中，堂谿公和韓非的對話可以看出：其一，韓非承認，掌握天下的權柄、整治民眾的法度，確實是不容易處理的事。其二，雖然明知創立法制、設置標準非常困難，但是法術之士依然要以此取代禮教，因為只有法治才能造福人民，使大眾獲得最大的利益。其三，韓非在說明自己的立場以後，又進一步將法術之士的所作所為歸結為「仁智之行」，這種行為不會被客觀局勢的混亂難治或君主的昏庸愚昧所動搖，而只是考慮民眾是否享有長遠的利益。簡單的說，法術之士的「仁智之行」不是謀求個人「私利」的行徑，而是藉由自身的能動性促成「公利」的達成。這是韓非之所以堅持立法以治國的理由。

接下來我們談立法的原則。首先，韓非主張必須要切合時勢的需要。例如從前我們在臺灣的法律，規定罰款的時候，罰鍰是用銀元為單位，一個銀元換新臺幣三塊錢。到民國七十幾年的時候，還有這個辦法，其實那個法早就過時了，以當時的幣值，與當時經濟的情況，還用一塊銀元換三塊錢新臺幣，根本沒有什麼效果，沒有多大的處罰作用。所以立法，必須要切合時勢的需要。又如現代有很多網路犯罪，以前沒有電腦網路的時候，沒有網路犯罪，現在有了就必須及時立法來加以規範。又像現在有手機的簡訊功能，隨之而來的也有簡訊詐騙，新科技產品往往帶來新的犯罪型態，立法單位就必須及時立法來管理，以符合社會上的需要。

尤其是根據「罪刑法定主義」時，法無明文不罰，立法如果不能跟上時代變化的腳步，這個社會就容易混亂失序。

第二，要使人民易知易行。也就是對於所訂立的法律內容，要使百姓容易明白，能夠瞭解。像我們有時候買一些電器產品時，它常常附了一本厚厚的說明書，不曉得多少人真的會去仔細閱讀，其實一般民眾所需要的功能並不多，說明書告訴使用者這麼多資訊，反而使得消費者眼花撩亂，而懶得去看。因此，立法者在立法時要使百姓對於立法的內容易知易行，使人人做得到。

譬如在大學裡任課的老師，開學的時候向同學們宣布非常嚴格的學習考核規定，曠課一次就當掉，考試沒有達到九十分的，也當掉，遲到就扣總平均五分等等。這種嚴格的規定，有效嗎？很可能第二次上課時，同學都跑光了，他們不要修這老師的課，因為要做到實在太困難了。又或者在一個大城市裡面，八點以後，路邊黃線可以停車，現在突然立個法，來整頓交通，規定八點以後，路邊不論黃線、紅線，即使沒劃線的路邊，凡是沒停車格的路邊都不准停車。你看立這樣的法，結果會怎麼樣呢？很可能因多數人不遵守，政府無法嚴格取締而導致自己的威信掃地；或者管理單位強力執行而沒有足夠的拖吊場來容納那些違規的車子，若不執行，所立的這個法，它的公權力在哪裡？如此一來立法者的權威就沒有了。這個道理在各公司、組織裡也是一樣。當人們想要建立一種制度，一定要參酌主客觀因素，思考它的可行性如何。如果太困難，實施的對象根本做不到，那麼暫時就不要立這個法。這也是韓非所強調的立法原則。

第三，立法時必須要以利多於弊為前提。做事情總是有利有弊，立法者必須要全面衡量，譬如說一個政黨，已經選出代表他們這個政黨的候選人，去選地方首長，同黨的黨員同志，不服黨內初選結果，他也出來違紀參選，那個政黨該如何處理？該政黨必須要執行黨紀，依照規定要開除黨籍就得開除黨籍，此舉有利有弊，但為了政黨長遠的未來發展，還有對人民展現的誠信，就必須要按照黨紀來處置。

韓非講，一件事情立法了以後可以做成，我就要立這個法。做成的過程當中，若弊大於利，當然不可行；但若利大於弊，那就要付諸實行。例如某個地方政府機構，放寬了建地的認定標準。結果在行水區裡面，也允許建商蓋房子。如此建商就可多繳一些稅，使地方稅收增加，如此地方政府有錢了，就有經費做其他的公共建設。後來，發現情況不妙，颱風一來，豪雨一下，土石流奔洩，河水上漲漫溢行水區，許多新房子都淹了水，建商他是蓋了房子，賣了房子，賺了錢一走了之。苦的是一般老百姓，花錢繳貸款買了會淹水的房子，要怎麼辦？政府若要照顧人民的生活，就必須趕快立法，對於行水區內的土地不准蓋房子；那些已經蓋或正在蓋的怎麼辦？如何補償？在這立法的過程中，一定會讓某些既得利益者付出代價；立法者一定會承受一些壓力，如此法要不要立？

從韓非的觀點來看，當然是要立。又如目前少子化所造成的教育資源困境，現在我們大專院校有一百五、六十所，未來大概要關掉辦學不力，招生不足的幾十所。很多中後段的學校開始緊張，要裁減人員，精簡人事，有的要優退，有的要優離。這個時候校長、人事室，扮演一個很吃重的角色，為了學校要能夠經營下去，你就要立一些法，會不會使一些既得利益者受到影響？若以法家的處置原則，就是不講情面，依法厲行。當然如果從孔孟儒家的觀點，又會有不同的處置方式了。

從韓非來看，必須立法解決眼前急迫的現存問題，為了要使一個組織、一個團體得以生存、發展，《韓非子・八說》篇指出：「法有立而有難，權其難而事成則立之；事成而有害，權其害而功多則為之。無難之法，無害之功，天下無有也。」立法者不可能立一個法，討好所有人。一個領導者、管理者必須要衡量事態，權衡輕重，所立之法，對於問題的解決是否有效？能否辦得成事？如果利比較大，即使有害還是要做。因為沒有一件事做下去，能得到各方的掌聲，這就是韓非對立法原則的深刻體認。

五、對於管理階層要如何管理？——術

講完了「法」，那我們接下來講韓非的「術」思想，講這個部分，會發現韓非所觀察到人性中許多的陰暗面。他從人性中的陰暗面所發展出來的管理技巧就是「術」。術的作用是什麼？簡單的說，就是「責效」。譬如一個領導者，他是總經理，要讓他下面的課長、組長，能夠發揮職務上的功能、作用，完成任務、發揮績效，叫做「責效」。責效要

怎麼做呢？首先，要依照所屬的能力，給他一個官職，要他負起應盡的責任，這也就是所謂的「因任而授官」。一個組織，劃分成很多不同的單位，怎麼劃單位才能運作順暢，將事情做好，也有大學問在其中。每一個單位，要有一個負責的人，如何使這個人能真正發揮他的功效，這就是術，它的作法在於：「因任而授官，循名而責實。」這「名」跟「實」是什麼？譬如說行政院長要組閣，要找一個人來擔任教育部長，這「教育部長」就是他的名，教育部裡面有高等教育司、技術及職業教育司、終身教育司、學生事務及特殊教育司等等單位，管理各階層的學校，及不同性質的事務、教務、試務，要讓這個教育部長，把他分內的事情做得好，或各部會的首長，如交通部長，不論是海運，航空、通信這些單位的事情，要能做得好，必須要循名責實。

這思想的起源是從孔子來的，孔子的正名思想指出：君君，臣臣，父父，子子；有其名、有其權責，這是名實相符；你做臣子的，就要盡到你為臣的本分，所做的事情是「實」，此事的評價或效果為功或有過，這就是「名」；這也是「名實相符」。還有，「名實相符」也是功過跟賞罰能夠相應，因此，「循名責實」就統治者是要求有名位的人做他應做的事，所做之事的成效享有應得的獎賞或處罰。

第三，這個名、實還有其他代表的意義，領導者本人不要太常說話，或者是指導下面的屬下：「要做什麼、不要做什麼」，而是讓下面的這些部屬，自己說他要怎麼做，他需要什麼資源，統治者有權力，可以調配資源給他，若他達到預期目標，就獎賞；說了卻做不到，那統治者就可處罰。因此屬下的言說為「名」，所做的事功為「實」。在韓非的思想中，名實相符或不符的獎懲包括著：言大而功小，要罰。例如武將向君主要求三萬軍隊，到邊界用兩個月的時間，就可以掃平邊界的亂事；結果，卻花了半年還沒法掃平，一直向國君要糧秣、人員，向中央要資源；如此，明顯的言與事、名與實不符。所以必須處罰此「言大功小」的現象。從另外一個方向看，如果「言小功大」又如何？韓非認為「言小功大」，照樣必須處罰；為什麼？如果下面的部屬要求三萬軍隊，評估兩個月的時間，就可以把動亂掃平；但結果三萬軍隊只需十天就把動亂掃平，如此不是浪費國家的資源？在我們現代也是一樣，如果一個投資公司的投資主管，做了一些市場調查，認為現在用公司三億的資金去投資，預估一年之後可以回收一億；結果一年不到就淨賺了兩億，這不是很好的事嗎？小錢立大功，言小而功大。為什麼韓非認為這樣也要處罰呢？韓非是這樣想的，一個國家，一個組織，它的資源是有限的，今天國君將三萬兵馬，調撥給這個將軍，若他在北方用兵，國家因資源的整體調度，可能導致南方的軍力空虛；同樣，投資公司資金有限，使用了公司的三億資金去投資評估的相對時間收益，事實上用一億五千萬就可以達成，就公司的整體資金調度，可以投資在別的產業上，能有更好的收益。所以，韓非的「名實相符」，部屬所評估的言論與事功一定要相符合。不然，言大功小，要罰。言小功大，也要罰。

如此一來，管理者是沒什麼事的，因為他有虛靜術，執要術；他好像是不用做什麼，下面的官員都會盡心盡力把事情做好。國君只需要觀察，少開金口，在韓非心目中的國君形象是像老子那種「致虛極、守靜篤。萬物並作，吾以觀復。」將所有的欲望念頭拋開，內心虛空至極，不受外在現象變化的影響，保持內心的平靜，對於萬物的生長、發展做整體的觀察，觀察事物發展的往復規律。

韓非的「術」跟「法」是正好相反，也正是中國古代所講的陰陽概念。「法」必須要成文法，且必須要公布。而術是藏在國君的心裡面，不要讓任何人知道，如此，這個「術」才能夠濟「法」之不足。

以下舉例說明「術」的運用，唐太宗是一個不錯的開國君主，也是一個會用「術」的君主；唐太宗最恨貪官汙吏，於是，他就找他的親信設局，去賄賂他的大臣，其中有一個叫做長孫順德的，接受了他的親信幾十匹上好的絹。第二天早朝的時候，唐太宗怎麼處理呢？他說：「長孫順德你對國家有功，我要賜五十匹絹給你。」太宗的親信都覺得奇怪，問太宗：「你讓我們試驗他，是不是一個貪官汙吏，他已經接受賄賂了，皇上怎麼還這樣處理呢？」太宗說：「以我對他的瞭解，我今天賞他，他就知道我已知道他昨天收賄賂之事了，我今天再賞他，一定比判他死刑還要讓他更難過；如果他根本都不在乎，那就把他殺了也不足惜。」後來唐太宗的判斷是正確的，長孫順德從此以後，再也不敢收受賄賂。唐太宗所用的這個「術」就包含了他對人心的一種深刻的瞭解，雖然不說什麼，卻能達到比說了什麼更好的效果。

另外唐太宗有一個開國大將軍，叫尉遲敬德，他功高震主，目中無人。有一次，他跟一些大官在一起酒宴之時，有一個小官誤坐了他的位置，他一上來，就把那小官踢開，場面尷尬，當時有一個任城的官，名叫李道宗，前來勸架，尉遲敬德也掄一拳揍下，差點把李道宗的眼睛給打瞎。唐太宗知道此事之後，就把尉遲敬德找來，說：「我看漢高祖在開國的時候，身邊很多功臣後來的下場都不太好，我就想你們這些跟著我出生入死的兄弟們，真希望你們將來，能夠子孫滿堂，後半輩子能夠享享清福。不過，後來再看看，我發現韓信他們那些人之所以要死，也不能完全怪漢高祖啊！」講到這裡，尉遲敬德心裡有點數了，臉色也跟著變了。接著，唐太宗繼續說：「你看看你最近做的這些事情，根本沒把國法放在眼裡面，到時候我也很難保你啊！」聽到這裡，尉遲敬德馬上跪了下來，承認自己的過錯，從此也不敢造次。唐太宗之後有所謂貞觀之治，這就是他領導統御有術的成果。

所謂「法」，是明的、公開的那一面；而「術」呢，則是暗的、隱的這一面。那麼「術」它運作的對象是誰？不是老百姓，而是國君之下的這些部屬、大官，「術」要運作的對象正是這些高階主管。譬如一個擁有幾千人的大企業，單靠一個總經理怎麼管得了？必須要靠他下面一些不同層級的主管，透過主管會議、業務會報，以及對於這些主管個性的洞察，來瞭解他們辦事的積極性、有效性。考察他們的言行，是否有陽奉陰違的情形；這就必須用「術」。為何術所針對的對象是那些大臣？因為他們握有一定的權力與影響力，就像有一個人，他想摘樹上的葉子，去試一試有沒有已經鬆動的，若他一片、一片葉子試，他要試到什麼時候才知道。若他去搖樹幹，去搖那些大樹枝，就能很快知道結果。或者當人去捕魚的時候，要綱舉目張，提綱挈領，才能快速有效的達成捕魚的目的。所以一個管理者，不能什麼大事小事都管，而應該要分層負責，管理者必須掌握各階層的領導者，使他們在其位發揮最大的功能。

因此，術的運作對象是官吏而不是百姓；韓非說：「一個官吏管得不好，在他轄區可能會有少數幾個操守很好的百姓。可是，如果一個地方人民作亂的話，就絕對不會說這個地方官是好的。」所以，術的運作對象就是那些官員，在《韓非子》這本書裡面的「術」有幾十種，讀者可以看本書「術」的故事那一單元的介紹。我們這裡，簡單的講四種：

第一，執要術。

就是要抓住要領，所謂：「事在四方，要在中央；聖人執要，四方來效。」田嬰在做齊國宰相的時候，跟那些官員大臣商量好了，就跟齊王報告：「現在一年的稅收、還有我們一年的支出，帳目都已經整理好了，請大王來聽這些官員的報告，如此一來，我們這些官員就覺得大王您很關心百姓的生活、地方的建設，也非常重視帳務的工作。」齊王認為有道理，於是，就開始聽取報告。那全國的支出瑣瑣碎碎，他們拿出那堆積如山的竹簡，連續報告了三天，還沒報告完畢。齊王都聽得打瞌睡了，還沒報告完，齊王心想「算了，不要聽了，不要聽了。」田嬰看出端倪，就和齊王說：「大王您得繼續聽啊，他們好不容易做了這些帳，繼續聽完，這樣才能鼓勵臣下的士氣啊！」齊王只好勉強繼續聽下去。沒聽多久，齊王又開始打瞌睡了，而且因為太累，睡得很熟，於是那些官員就把那些想動手腳的竹簡，當著齊王的面開始竄改，改完了之後就說，這些是我們當著齊王的面所報告過的，誰也不能挑剔，誰也不能質疑。於是，齊王的認真做事，反而助長了臣下的偷雞摸狗。這就是不懂得執要術而犯下的錯誤。一個最高領導者若每一件事都要管，大事要管，小事也要管，但一個人根本沒有那個精力，領導者怎麼能夠管理得好呢？

另有一個公司的董事長，每天只上半天班，其他時間他就去遊山玩水，有國外客戶來，他還帶著他們去泡湯，親近大自然。他說他必須要這樣子安排生活，才有辦法去思考整個公司的未來發展。所以真正的領導者，必須要騰出一些時間，他不能夠去做每一件小事，而必須「執要」而為。

第二，用人術。

在衛國，衛靈公他非常寵信一個愛臣叫做彌子瑕，凡事都聽他的話行事治國。衛靈公有一個侏儒弄臣，有一天作了夢。後來在和衛靈公閒聊時說：「報告大王，我昨天晚上作了一個夢。」「你作什麼夢？」侏儒說：「我夢到了大王。」「你夢到我怎麼樣呢？」「我又夢到了一個灶。」衛靈公聽了很生氣，「你夢到國君，應該接著是夢到太陽，怎麼只夢到一個爐子呢？」侏儒說：「我在夢中見有一個人，走到爐子的前面一擋，就把那個爐子的光跟熱遮住了，我就都看不到、感受不到了。」「你這什麼意思？」衛靈公很納悶。其實，侏儒要告訴衛靈公，你若只寵信彌子瑕這一個人，所有的事情都是透過他來瞭解外面的情況，所有的事都以彌子瑕的話為準，那是不行的，這是錯誤的用人方法。

我們再看西門豹跟魏文侯的故事。魏文侯請西門豹當鄴縣的縣令，治理鄴這個地方。第一年，他非常認真的治理，一年結束之後，他把他的政績，向魏文侯報告。可是魏文侯呢，當時先聽信左右大臣對西門豹的批評，所以他對西門豹很不滿意，打算拿掉他的官印。他說：「有人說你治理得不好，你官印還我，我不要你做縣令了。」此時，西門豹很沮喪，非常希望魏文侯再給他一年的機會。在幾番對話之後，魏文侯說：「好吧，看你這麼有治好的心意，就再讓你去治理一年。」

西門豹第二年的時候，怎麼做呢？他大肆的收括民脂民膏，然後把這些錢拿去賄賂、巴結魏文侯旁邊的那些左右權臣。過完一年之後，他又來看魏文侯，魏文侯一見他就說：「治理得好，治理得好，治理得真好，繼續幫我幹。」西門豹卻說：「我現在官印要還給你了，我第一年，是為了你來治理鄴縣的，沒有任何貪汙舞弊，人民的生活都過得很好。第二年，我是為你下面的那些大臣來治理鄴縣，收的稅都交給那些大臣。現在你說我好，是他們說的，因為他們說的才算，不是嗎？所以我現在不能夠再幫你做事了。」

魏文侯這才知道，原來他被蒙蔽了。於是，他希望西門豹能繼續治理下去。這也就是韓非的用人術所強調的，在用人的時候，不能被一個人或少數人蒙蔽。要瞭解，人人都是自為與自利的，他們會彼此競爭，爭取一己之利。

我們再看下面這個例子，當孔子周遊列國時，有一次來到了宋國，宋國有一個人叫子圉，他非常欣賞孔子的學問，於是他就把孔子介紹給宋國的宰相商太宰，商太宰和孔子談完了以後，子圉進去向商太宰詢問：「我推薦的這個孔丘，你覺得怎麼樣？」商太宰說：「非常好，我跟孔子談完了之後，我看你就好像那個頭蝨、跳蚤一樣的渺小啊！我要將他推薦給國君。」子圉這麼一聽，心裡面頗不是滋味，心想：「糟糕了，推薦一個人，到時候他竟要取代自己的地位。」然後子圉臨機一動，就跟商太宰說：「請問宰相，當你把孔子這麼好的一個人，推薦給國君時，我們國君看到了孔子之後，會不會把你也當成是頭蝨或是跳蚤呢？」商太宰聽他這麼一講，轉念一想，就說：「算了算了，不推薦了。」這就是孔子沒有被推薦的原因。

原因就在人與人彼此之間會相互競爭、會忌妒，這個用人術裡面所講到的「術」，除了要能夠分辨親信推薦上來的人，是否真的有才之外；有的時候是要觀察下面的人，當他們結黨結派的時候，領導者要設法分化他們，以防止他們聯合一氣的蒙蔽在上位的君主。

第三，參驗術。

舉一個真實的例子，有一個國中的鼓號樂隊，其中有吹伸縮喇叭的，有吹小喇叭的，吹得好的同學就被殯儀館的送葬樂隊找去，因為送葬樂隊人數不能太少，所以就找一些不太會吹的，拿著樂器裝樣子。當然，會吹的與不會吹的，價碼是不一樣的，會吹的，高音上得去的，錢比較多；只是在那邊跟著走的，拿個樂器裝樣子的，給的錢當然就比較少。這就是所謂的「濫竽充數」。這個典故就從韓非來的。

齊宣王喜歡聽竽聲齊奏，組織了三百人的大樂隊來演奏，不會吹奏的南郭處士也混雜其中；到齊宣王死了之後，換齊湣王接王位，湣王他不喜歡聽大合奏，他要一個一個聽，這個南郭處士，還沒輪到他，就趕快逃走。這就是所謂的「濫竽充數」。所以呢，一個當主管的，千萬不能被下屬蒙蔽，新到一個單位裡，要仔細的去觀察，去考察每一個人的工作能力、態度與績效。

第四，聽言術。

晉文公有一次吃飯的時候，有一道菜類似於今天我們說的「串燒」。他的大廚師為文公準備了串燒，僕人端了上來，香味四溢。文公迫不及待把那串燒放入嘴裡、一咬。

「哎呀，這什麼東西？」文公拉出一看，「竟然是頭髮。」於是怒拍桌子，大叫「趕快去把那個大廚師叫來！」

廚師聽命速速前往。

「你是不是想要噎死我？」晉文公十分不樂地指著燒肉上的頭髮說。

那大廚師，一看到這個態勢，他驚恐地跪了下來。定了定神跟晉文公報告：

「微臣有三條死罪。」本來馬上要拖下去給砍了的廚師，如此一說，晉文公倒想再聽聽看怎會有三條死罪？

廚師說：「第一條死罪，我的刀磨得非常非常銳利，可以把肉切得很薄，居然頭髮沒被我切斷，這是我第一條死罪。第二條死罪是我把肉條插在竹籤上時，拿著肉，居然看不到頭髮，這是我第二條死罪。第三條我最該死的罪是，竹籤上面的肉上有頭髮，放在火上烤，肉都烤熟了，竹籤都烤焦了，頭髮居然沒有燒斷，這是我第三條死罪。」

「那等一下，等一下，這個事情，大概不是你做的吧，那會是誰做的呢？」晉文公說。「請大王定奪。」廚師委屈的說。

文公想一想問道：「如果你死了，誰能取代你的地位？」

「二廚」，「好，叫二廚上來。」晉文公火冒三丈。

「你想害死你的大廚，是不是？」

兩三下把他問出來，果然是二廚，原來是他在大廚烤好了串燒之後，再把頭髮綁上去的。

這就是君上懂得聽話。當然，做屬下的也要懂得表達。如果大廚只會講：「不是我，不是我，不是我……」他就來不及了，可能早被拖下去給殺了。可是，他反而說「我有三條死罪」。「咦，三條死罪？」晉文公反而想聽聽看，到底是哪三條？

這表示晉文公是懂得聽言之術的。

六、管理者你憑什麼管理？——勢

接下來，我們談管理者的權威，一種力量——勢。「勢」在管理上也非常重要。例如在選舉的前一天晚上，各政黨都要辦造勢晚會，你的政黨能有五萬人，我的政黨就要聚集十萬人。這就是一種「勢」的表現。當然之前還有一些步驟，像布局、造勢、擺平三個階段；怎麼樣先布局，然後造勢！

「勢」可從慎到開始講，慎到曰：「飛龍乘雲，騰蛇遊霧，雲罷霧霽，而龍蛇與蚓螘同矣，則失其所乘也。賢人而詘於不肖者，則權輕位卑也；不肖而能服於賢者，則權重位尊也。堯為匹夫不能治三人，而桀為天子能亂天下，吾以此知勢位之足恃，而賢智之不足慕也。」龍蛇牠們怎麼能夠飛，因為有霧氣，有雲氣的勢，把牠們托住了，牠們才飛得起來，等到雲霧散了以後，龍、蛇就像蚯蚓一樣，沒什麼了不起。又如某一個人射箭，他力氣不是很大，為什麼他的箭可以飛得那麼高？那是因為有風，藉諸風的力量幫助它上飄。

慎到還舉了一個例子，他說：「海與山爭水，海必得之。」為什麼？因為水往低處流，有那個地勢，就有那一種力量。勢就是一種勝眾之資。打仗的時候，你處在比較高的位置，這就是一種勢；像相撲選手，你一百公斤，我兩百公斤，比較魁梧、比較壯的那一方，那個勢就比你來得大，也就是說，我的力量就比你來得大。所以「勢」本身，就是一種力量。至於韓非的勢，可以分成兩種。一種是指君位世襲之勢，傳位時如果碰到堯舜這類的聖王，國家就會治理得好；若君位傳給了桀紂之流，這個國家就治理不好。韓非要說的勢，跟這種世襲之勢不一樣。他認為，一般領導者多半不會如堯舜一般，此等聖王要等幾千年才會碰到一個；而一般領導者中，也很少出現像桀紂這麼壞的。也就是說，一般治理國家的人都是中等之資的人。中等之資的這一類人並非絕頂聰明，也不是愚笨的人，所以，我們要為這類領導者設計一套管理的制度。韓非所謂的勢，因此稱為人設之勢。人設之勢，就是抱法處勢，也就是要以法律的約束與規範作為中人之君的管理之道。

事實上，韓非與老子之間，前面提過，兩者是有關連的。老子說「人法地，地法天，天法道」，韓非則以法為道。儒家著重禮樂教化，其中的禮，韓非將之轉化成法。禮是來自習俗與人生活的倫理，有教化的作用，不若法的強制性。法最主要的特性，在於它強調公平性、強制性，以及普遍性。韓非說明勢有兩種，而他強調的是人設之勢，不是自然之勢。韓非認為領導者要有效的運用這個勢位與力量，必須透過權勢的運用而開展出君主的強勢統治風格。韓非主張，國君必須以獨裁的方式集中最高的權力治理國家。他舉例說，在古代有王良、造父兩個擅長駕馬車的人，你能不能讓他們兩個人同時駕一部馬車？一般來說，駕馬車是一個人拿著韁繩、同時也拿著鞭子，韁繩與鞭子不能分別交由兩個人來掌管。以開車為例，你來握方向盤，我幫你踩油門，你想這樣子開車結果會如何？韓非舉了另一個例子，說明兩個人不可能同時彈奏古琴，因為無法配合。我的一位朋友，十年多前他與他的太太一起到美國，他們到了舊金山之後，便前往舊金山的金門大橋、漁人碼頭觀光，到了漁人碼頭之後，他們租了一輛雙人腳踏車，先生坐前面，太太坐後面。騎了三百多公尺之後，他們兩個都生氣了。他們繞回租車店說，「我們決定要換兩部腳踏車。」店員說：「你們這種情況我看多了，很多時候都是情侶、夫妻一起來，剛開始是兩個人租一輛車，騎出去沒多久，就會回來換車。」為什麼？當兩個人共騎一輛車時，前面的要踩，後面的沒有踩；前面的剎車了，後面的還在繼續踩；前面的要往左邊，後面的身體倒向右邊，幾百公尺下來就已經彼此抱怨連連。可見一部車子只能有一個駕駛，一個國家也只能有一個統治者，並且有極大的權力才能治理好國家。

此外，韓非認為，國君與臣子不一樣。從韓非來看，身為國君的人，不能跟你的部屬太親近，千萬不能變成朋友。因為，這種交情會妨礙國君的管理。君主的統治風格與臣下被統治者的處事方式是不一樣的。所以，韓非說「明君貴獨道之容」，君臣是不同道的，長官與部屬是不同道的，他們在管理階層中屬於不同的位階。

韓非主張運用勢力並且將權力集中。「勢」像是一種武器，他舉一個例子說，面對老虎、豹子，你為什麼會怕？因為牠有爪子，還有尖利的牙齒。如果你把老虎的牙齒給拔了，把爪子也給抽掉了，牠就沒有可怕之處了。做國君的就像虎豹一般，必須要掌握權力、操生殺大權。在一個組織裡面，管理者必須常常讓屬下知道他的能力，他可以升遷、可以加薪、也可以開除人，這些權力都握在管理者手上。韓非要強調的就是這一點：用勢與集權。當然，後來有很多人批評他，這種集權的主張，不適用於現在的民主時代。不過，前面曾經提及，人性在很多不同情境，會以不同的面貌呈現。而韓非的思想畢竟觀察到人的某些面向，至今仍是相當符合許多人的心理傾向。

當一個國君掌握了一國最高的權勢，他應該怎麼做呢？簡單地說就是：處勢與操柄。具體要怎麼做？第一重點：信賞必罰。法律訂下賞罰的標準，說了要賞，就一定要賞，記載著要罰就必定處罰。就像對小孩子一樣。若一位父親對孩子說，「如果你考試拿一百分，爸爸帶你去看電影。」結果，孩子考了一百分，來跟父親報告，這父親卻說沒空，幾個禮拜下來都沒空，接下來就忘了這件事。小孩子心裡就放棄了，跟大人講道理也沒有用，考一百分也沒用，答應了要帶他去看電影卻沒當一回事。若這父親失信於他的小孩，之後，他就不能再用獎賞的方式來要求他的小孩做什麼其他有意義的事。另一個重點是：必罰。該罰的要罰，不能只獎賞而不罰。有一匹馬，跟牠的主人一起去看人家賽馬。那匹馬跑得很慢，走得也很慢，主人就說：「你看人家的賽馬，跑得飛快，你為什麼跑得這麼慢呢？我待你並不薄呀。」然後，那匹馬就跟主人講：「你看人家賽馬座騎上的馬鞍多漂亮，亮晶晶的，多帥啊，你看看給我做的是什麼樣的馬鞍。」主人連忙說：「我瞭解了」。於是，就趕快幫他的馬換一個很好的馬鞍。換了漂亮的馬鞍之後，這匹馬還是走得很慢。主人說，你怎麼走得跟頭驢子一樣，甚至比驢子還慢。馬回說：「你看人家賽馬，那個轡頭多漂亮啊！」於是，主人又幫牠換了一個轡頭。馬銜著新的轡頭，背上有漂亮的馬鞍，可是仍然走得很慢。主人真不曉得該怎麼辦，就跑去問他朋友。他朋友說，你那匹馬就缺少一條鞭子，你用鞭子抽下去，牠就會跑得快了。馬需要鞭策的道理，適用在許多人身上。有一些人，管理者一直給他獎賞、給他鼓勵，結果他仍然懶散摸魚。而是要用處罰的方式來產生動力，這些被管理者就像那匹馬，他們需要鞭策。不爭氣的馬，你拿鞭子把牠抽下去，牠馬上就跑得很快，不需要有華麗的新馬鞍或轡頭牠也能跑得很快。

第二重點：厚賞重罰。舉一個實際的例子，有一位企業家的兒子在學生時代學會抽煙。這個兒子回來跟他媽媽說，「老媽，我們班上有同學抽煙，他媽媽為了要他戒煙，開出戒煙就有十萬塊這樣的條件。」他媽媽聽了以後，回說，「抽不抽煙是你自己決定的，你還想要跟我要錢？門都沒有。」到了晚上，這個兒子跟爸爸講了同一番話。他那企業家父親第二天馬上拿了存摺，到銀行裡面提了十萬塊錢，走進他兒子的書房裡面，把那十萬塊丟在他兒子的書桌上，說：「兒子，我這十萬塊給你，你從此不要再抽煙了。但是你拿去以後，不要馬上把它花掉，你確定自己一年之內都沒有抽煙之後，再把這個錢拿去用。」他的兒子一下子看到那麼多錢，當下就決定戒煙。這個叫做重賞，重賞之下必有勇夫。後來我聽說，他的兒子真的從此不再抽煙。那位企業家的想法是：他兒子如果繼續抽煙的話，從現在才廿多歲開始算，抽一輩子煙，買煙的錢都不只十萬。將來萬一因此得了肺癌或其他疾病，所花的錢一定更不只十萬。舉這個例子，是為了說明有些時候，管理者的獎賞，一定要使被獎賞的對象或員工心動、賞得讓他真的覺得這公司對我有誠意。為了給天天加班的員工打氣，你說年終獎金會發六個月，員工必定會覺得加班也值得。重賞之下必有勇夫，要賞就要重賞才有效果。

談到罰，要重罰。在中國歷史上，有各種酷刑刑罰：鑿顛、剝皮、腰斬、宮刑、刖刑、凌遲……。凌遲，是在人身上劃千百刀才能讓他斷氣。負責凌遲的劊子手，如果馬上讓受罰者斷氣的話，那個劊子手本身要受到刑罰。至於腰斬，腰斬不是馬上會死。明成祖朱棣叫方孝孺寫詔書，方孝孺拒絕，朱棣就威脅說我誅滅你九族，方孝孺還是堅拒，並說明成祖是篡位者。結果，方孝孺真就被腰斬了。方孝孺被腰斬之後，並沒有馬上死去；據說，他以指沾自己的血，寫下多個篡位的「篡」，之後才斷氣。其他各種有關酷刑的故事還有很多。

在古代，並沒有人權觀念，從商鞅開始就有連坐法。針對著個人怕連累親人而有的處罰。個人雖不怕死，也不怕千刀萬剮，但總有你所愛的人、你的家人，既然你不怕自己受傷害，就發展出用誅滅九族的方式來讓人恐懼。當時朱棣揚言誅滅方孝孺九族，他也不怕，結果後來明成祖朱棣連他第十族也一起誅滅，包括他的學生、朋友都一起處死。方孝孺的死，牽連數千人，實在是酷刑。

所謂重罰，重點在於要讓人心生畏懼。這是韓非所贊同的作法，他說：「嚴厲的刑罰是人民所厭惡的，卻是國家安定的根本。憐憫百姓，減輕刑罰，是人民所喜歡的，卻是國家危亂的根源。」此外，在《韓非子》書中有〈姦劫弒臣〉篇，說明法術之士大多被奸臣讒言所傷害的事。因此，在賞罰二柄的運用上，還必須有下一條原則。

第三點，賞罰與毀譽要相應。作為執法者，執行賞罰一定要符合事實。統治者所處罰的對象，大家都說他的確是壞人，該罰該死；至於統治者所獎賞的對象，大家都說他的名聲好、功勞大，的確該賞。如此才是與毀譽相應的賞罰，也就是指一般民眾對賞罰對象的觀感，這是很重要的。像前述方孝孺的案例就不符合這條原則。對照現代公司組織的情況也是一樣。管理者的賞罰若是不能符合人心，下面的人就會說這個人根本就是逢迎拍馬，根本對公司沒什麼貢獻，你卻給他賞那麼多；反之，這裡有一個認真做事的人，你還罰他。大家會認為該賞的，你沒賞，該罰的，你沒罰。賞罰與其對象的功過不相應，也跟他人的觀感不相應，這樣會造成更多的反對者、反抗者。

第四點：勸禁。賞罰還有一個作用，就是「勸禁」。也就是所謂的殺一儆百、殺雞儆猴的意思。罰可以起勸禁的作用，而且必須要及時。有一次，鄭靈公設宴招待群臣。上菜之後，有一個人叫子公，他很想吃屬於國君的其中一道菜。屬於國君的特定幾道菜，除非國君同意，否則臣子不能吃。但子公很想吃碗裡面的鱉肉、鱉湯。他自恃跟國君的關係很好，就用手指去沾一下鱉湯來吃。結果被國君看到了，鄭靈公就說我要把你給殺了。但是鄭靈公只有講，沒有做。結果，逃過一劫的子公隨後馬上謀反，因為子公心想，國君說要殺我，那就趕快謀反以求活命。子公謀反以後，反而把鄭靈公給殺了。所以，如果君主要賞罰，就要收到勸禁的效果。說而不罰，就失掉了威信，也不能讓其他的人有所警戒。而且，君主的好惡，形於色的喜怒哀樂，下面的人都看在眼裡，特別是握有大權力的人。當你的好惡形於色之後，須要馬上去執行相應的賞罰，並且斷然的執行。

七、誰贏得了相撲大賽？——道

接下來，我們談談：管理的藝術。所謂藝術，就是指法、術、勢的綜合運用。所謂藝術，它不是機械性的操作，而是不斷變化的應變而變。我們在前文說明了法、術、勢三個重要因素，但是實際上要如何進行綜合的運用？這就是道。什麼是道？韓非認為

「道」是萬物的本原，是非的準則，也是事物變化發展的規律。因此英明的君主透過虛靜的方式，把握萬物的本原來瞭解萬物的變化，研究事物發展的規律來瞭解成敗的起因，掌握其中的因果關係進行領導統御、施行管理。要如何活用「道」的管理藝術呢？簡單的說就是「無為而無不為」。

一個領導者要如何「無為」？因為君主處在權力的最高處，臣下的進言，一定會說出自己的看法，形成某種主張，君主要求臣下不能說話不算數，他可以讓它付諸實施或反對、修正；若依臣下主張辦事，一定會形成某些效果，君主只要考察事態發展的效果和當初臣下的主張是否相合，君主自己不必事必躬親，就可「無為」而使事態真相自然呈現出來。所以君主千萬不要顯露出他的好惡、欲望，君主若顯露出他的好惡、欲望，臣下就有機會依附君主的想法而掩飾自己的動機，修飾自己的言談、行為；君主也千萬不要顯露他的意圖，君主若顯露出他的意圖，臣下就有機會自我偽裝。所以，領導者必須除去愛好，除去厭惡，臣下就無所遁形；除去成見，依道而行，臣下就不得不把事情辦好。

此外，依道而行的原則是，使聰明的臣下竭盡思慮，君主據此來決斷事情，這樣君主的智力就不會窮盡；鼓勵賢能者發揮才幹，君主據此任用他們，這樣君主的能力就不會枯竭；韓非認為辦事有功勞的，一定要對他們有所獎賞，而好名聲則歸諸君主享有；有過失，一定要對他們有所懲罰，並且由臣下承擔起罪責，這樣君主的名聲就不會敗壞。

從理論上看，「術」它本身沒有方向性，「法」才具有方向性。「法」的存在目的，也就是立法的目的，在於愛民利民。「術」則是一種方法、一種技巧。要達到「法」的目的，就要利用「術」。所謂「術」，其實是為了達成愛民、利民這目的的一種輔助。所以「法」對於術，具有規範的作用。君主不能用「術」來謀求一己的私利，做不擇手段的事情。至於「勢」，也是受到「法」的規範，所謂「抱法處勢」也就是說權勢的根據在於「法」的規定。譬如說，總統的權力是法定的，規定四年一任。任何人的任期，及他所掌握的權力，都是由「法」來規範。所以，「法」能夠規範「術」與「勢」。

從另一方面，我們可以看到，「術」與「勢」對法有一種輔翼的作用。以日本相撲為例，競技場地是一個土俵，上面有一個圓圈。在競技場上，不管是橫綱、大關、關脅、小結、前頭力士的等級，他們都要站在這個臺上，並且有一個宗教儀式：「撒鹽」、「塵」、「四股」、「蹲踞」、及「仕切」；賽後則還有「手刀」的動作。撒過鹽以後，選手會把大腿舉起來，接著拍肚子圍帶。中間有一個裁判，裁判說開始打才打。這就是「法」，一種規定的程序，大家都必須遵守。那個圓圈大小，相撲選手們應站的位置，還有宗教的儀式，這些都是規定。至於選手的飲食，他們一天吃兩餐，每餐吃一大鍋的火鍋，為的是把自己養壯，使自己有魁梧的身材，有對手推不動的重量。這力量，就是「勢」。為了力量要夠大，選手吃得越壯越好，越胖越好，具有任誰也推不動的重量。再接下來就是「術」。「術」就是技巧，就是方法。當然，體重並不是輸贏的必然關鍵。體型略小的力士照樣可以把巨無霸的力士推走，他可以借力使力、活用各種技巧。所以，法、術、勢三者要綜合運用。一如相撲的例子，相撲選手要獲勝，必須有法，有術，有勢，這是積極面。

再回到管理者的角度，從消極面看，君主或領導者還要提防五種受蒙蔽的情況：首先，讓臣下掌握資訊而無法得知真相是蒙蔽；臣下若使君主閉塞，君主就容易失去君位；其次，讓臣下控制財富利益是蒙蔽；臣下控制財富利益，君主就失去向臣民施恩德的機會；第三，允許臣下擅自發布命令是蒙蔽；臣下擅自發令，君主就失去控制權；第四，放縱臣下私自給人好處是蒙蔽；臣下私自給人好處，或懲處他人，君主就失去他在臣民心目中的權威性；第五，默許臣下得以扶植黨羽也是蒙蔽；臣下得以扶植黨羽，君主就失去支持者。這就是君主要獨尊、不能讓臣下把持權力的緣由所在。

如果能充分地運用管理的藝術，避免被臣下蒙蔽；當明君在行賞時，就會像及時雨那麼溫潤，百姓都能受到他的恩惠；君主在行罰時，將會像雷霆那麼可怕，就是任何權威者也無法擺脫。所以，明君不隨便賞賜，也不輕易懲罰。賞賜隨便了，功臣就懈怠他的事業；懲罰可被赦免，奸臣就容易做壞事。當屬下確實有功，即使疏遠卑賤的人也一定賞賜；當屬下確實有罪，即使親近喜愛的人也一定懲罰。韓非一再強調：疏賤必賞，近愛必罰，那麼疏遠卑賤的人就不會懈怠，而親近喜愛的人也就不會驕橫了。

最後，我們回顧一下韓非的人性管理的重點。首先，管理的對象與管理者皆為「人」，因此管理這門學問必須懂得人性以及人性在不同環境中的變化；所以就涉及歷史觀的掌握，這是管理的外在形勢。管理的理論有四個層面，包含：管理的制度（法），管理的技巧（術），管理的權力（勢），以及管理的藝術（道）。

肆、韓非思想的現代意義

一、韓非要是活在今天，他還會用他這套法家哲學嗎？

韓非若是活在今天的社會裡，是否還會用他這套法家哲學，答案可以是肯定的，也可以是否定的。這要怎麼說呢？首先，我們要分辨韓非思想中可變與不可變的兩種層次；就可變的部分來看，就是隨著時代變化而調整的法律規定、具體內容，從韓非變古的歷史觀來看，這些是一定要變的。因為他說時代改變了，事情也跟著改變；事情改變了，相應的制度也就跟著改變。因此，二十一世紀，資本主義、民主社會、數位資訊的時代，絕不可能用那套古代的陳規來管理現代的社會。可是，韓非思想中，也有一些超越時空的原則或思想精神是不變的，我們可以從以下韓非臨死前模擬情境的一段對話，看到這種思想精神，而這種思想精神與管理原則就還有可能為今日所用。

話說韓非被李斯、姚賈軟禁在雲陽宮期間，某一天晚上，月黑風高，大約午夜時分，有一道人影翻牆而入，躡手躡腳溜進韓非的寢室。這個人蒙著面，見到了韓非，小聲跟韓非說：「先生，快跟我逃走吧！丞相李斯準備要殺你了。」韓非先是一愣，接著回過神來說：「我好不容易到了秦國，我就是要告訴秦王如何一統天下的方略，使秦國打消攻打我韓國的企圖，最終使國與國之間不再有爭戰，一勞永逸地解決普世之亂，這是難得的機會，我絕不能放棄。」

蒙面俠客對著韓非說：「先生，保留你的性命，將來還有機會，留得青山在，不怕沒柴燒，你現在若不跟我一起逃走，很快就會被李斯、姚賈給害死的。你為什麼還堅持要留在這裡呢？」

韓非說：「我的使命感無法讓我離開，我看到了這個時代的亂象，如果我不在最有權力的人面前去影響他，那麼天下的蒼生將會遭受更大、更多的苦難，因此我必須把握住這難得的機會。」

那俠客聽韓非這樣講，覺得不解，就問韓非說：「先生，人總要為自己打算，你為何不為你自己的安危著想，先保命再說。你不也是主張人人都自私自利嗎？」

韓非說：「我雖然提出了人性自為、人人自利這樣的主張，但是我也沒有否定，人有關愛其他人的這一種情感和能力。至於你說，我是否自相矛盾，其實，我想告訴你，人的行為和導致行為的許許多多相關的因素，彼此之間是一種互動的狀態，如果我們能夠找出這些相關的因素，並且控制這些因素，我們就能夠團結人民的力量，來為國家、為天下人的生存發展作出貢獻。人性，到我們這個年代，的確是有自私自利的強烈傾向，人們很多行為的目的都只是為了自己的利益。比如像最親近的父子關係、夫妻關係，或者朋友、雇傭關係，乃至於君臣關係都是自私自利的。但還有一種我沒說卻是我要做的，就是個人與天下人的關係。我所提倡的學說，指出人性自為，賞罰可用；透過法律的鼓勵與制約，規範人們的行為，才能夠使人民百姓集中力量來富國強兵，而富國強兵的目的則是在為天下人謀取最大的利益。」

俠客看韓非沒有要走的意思，乾脆坐下繼續問道：「你剛才提到，導致人的行為，除了人性之外，還有很多相關的因素，那麼這些相關的因素，又會是些什麼呢？」

韓非回答：「比如說，在環境當中，人生活的物質條件，或是很豐富，或是有缺乏。如果在很豐富的時候，他就樂意幫助別人，他就願意去資助陌生的人，可是如果他的物質條件非常貧乏的話，即使是他的兄弟，他也沒有辦法提供幫助。其次，他所處的環境當中的制度規範，法律上的一些規定、賞罰的條文，會影響一個人的行為。此外，人際關係也是很重要的，面對不同的人際關係，長官部屬或者是朋友之間，或者是買賣的雙方，在不同的人際關係之下，也會影響人的行為。雖然，人都是自私自利的，可是獲得的利益或長或短，當人在權衡輕重的時候，也會有不同的抉擇。有些人喜歡道義、名聲，有些人希望馬上獲得金銀、財富。比如說，在魯國，有一個宰相，叫做公儀休，有人為了求官、為了巴結他，要贈送他一些禮物。可是他內心的衡量就是：「如果我接受了這些饋贈，我就會欠這個人的人情，欠了這個人的人情，將來他要我幫他做一些違反法律的事情，我就不好意思拒絕；可是如果我做了違反法律的事情，就會丟掉官位。還不如拒絕饋贈，這樣我可以長保自己的官位。那麼在這個官位上，我可以有很多的俸祿，我可以安心用俸祿來買自己喜歡的東西。」因此，他就拒絕別人的饋贈。然而，他拒絕別人的饋贈，背後還是自利自為，只是他的考慮與衡量點不一樣。因此，對於利益長短的考量，也是會影響到一個人的行為的。

除此之外，當一個人遇到一些事情的時候，這些事情是公開或是隱密的，也會影響一個人的行為抉擇。別人沒看到的，他可能會去做；別人看得到的、檯面上的，他可能就不會做。還有時間因素的考量，有些事情具有緊迫性，跟個人的利益有關，有時比較不具有強烈緊迫性，可以慢慢處理，因事有緩急各有輕重不同。另外，還包括物資、錢財的運用，這些因素都處在一種互動的狀態當中。人如果可以控制這些物質條件、人際關係、事態緩急、隱密公開、資源運用、權衡利害等相關的因素，瞭解人的自私自利的這種本性在不同情境下的反應，就可以藉此影響、左右人的行為。個人因此可以對群體、對整個國家、人民，產生一種主導的作用。」

俠客聽到韓非的這一段話之後，他就進一步問韓非說：「既然有這麼多互動的因素，人又是自私自利的，那你覺得應該要如何才能夠規範人民，如何建立一套標準來讓人民遵行呢？」

韓非說道：「其中最重要的，是法律的實質內容必須納入所有相關的變數而訂立出不同時代的行為規範；人如果遵從法律規定的話，那麼他就會在一定限度內，為群體所接受，因為別人也都同樣遵守。如此，他就必須為了自己長期、較大利益而做有利全體的事；或者不能夠只為了自己短期、較小的利益而不顧其他人。其實，每一個人或多或少要經過衡量輕重以後，才能夠作出最有利於自己的行為。而法律的規定就是幫助人在衡量時的依據，像在法律裡所規定的，你做哪些事情會有獎賞、多大的獎賞，你做哪些事情會受到處罰、多嚴厲的處罰；只要遵從法律規定，你就可以得到應得的獎賞，避免嚴厲的處罰；這不是很好的治理辦法嗎？」

俠客點頭說道：「所以對於那些無視於法律規定，只想得到比較高的地位、比較大的權勢，可以握有源源不絕的利益的人，特別是那些高官們、跟權力核心非常接近的大臣們，面對這些人，就要用嚴刑峻法來阻止他們了。對吧？」

韓非說：「沒錯。我正是要秦王明白此一道理，以法治國、以術御臣、以勢執柄；如此就可富國強兵，一統天下。」

俠客聽到這裡，又提問說：「像古代聖人、賢者，他們做的事情不也是有利於天下人，旨在幫助天下蒼生，那不是跟你一樣嗎？你為什麼要反對儒家所提出來的聖人？或者是墨家所提出來的聖王的作為呢？」

韓非說：「我們必須務實，在實際的情況之下，像聖人、賢人、君子這種能夠做到愛人如己的人，其實非常的少，如果我們要以這種仁愛、慈悲為懷的心來作為統治人民的方法的話，將會導致許許多多人只是表面上說一套，實際上做另一套。而且，用這種方式來治理人民，上位者就要施予人民寬容與慈惠，那麼就不會按照法律來行事，如此反而會失去讓社會安定、國家平治的規範作用。雖然，實際上的確有極少數人具有聖賢般高貴的情操，但是我們不能用適合於少數人的方法來治理多數人的人性傾向。其實，我會主張用這種方法來治理，也是應時而變的一種方法。」

俠客繼續問道：「應時而變，你所指的又是什麼呢？」

韓非回答：「在不同的時代，要用不同的治理方法。因為前面所說的物質條件、人際關係、事態緩急、隱密公開、資源運用、權衡利害等相關的因素，會因時代的不同而不同，因此每個時代的制度也會不同。但是，要對人群的互動行為進行規範與導向，則是不變的；因此，在不同的治理方法方面，仍有一些客觀的標準的。」

俠客好奇再問：「為什麼要對人群的互動行為進行規範與導向？」

韓非說：「在人與人之間永遠都有利益衝突，為了避免爭鬥擾亂，就必須有所規範；個別的人往往無法看到群體的真正利益為何，因此必須有所導向。」

俠客若有所思地問：「各時代領導者與管理者，對於人群的行為進行規範與導向是不變的，而這種規範與導向的方法，為什麼一定要是法律呢？」

韓非說：「因為只有法律才具有明確性、公正性、普遍性、強制性，只有法律才能具有強而有力的規範作用。」

俠客問：「每個時代的情況不同，影響人們行為的因素也愈趨複雜，法律的訂立又如何能夠含括所有變數而做到公平？」

韓非說：「那要看不同時代的權力流向為何？最高權威為何？訂立法律者就是擁有最大權力、最高權威者。就我們所處的時代，在一國之內當然就是君主，各國之間各有各的最高權威，因此我主張將這些不同的權威分一個高下，也就是要經由統一天下的過程，使得最高權威歸趨為一。如此，立法者就不會出現多頭馬車的亂象。至於法律內容的訂立，根本不可能囊括所有的變化因素，因為變化是持續進行的，而對人行為的規範，卻往往是當人已經做出不當的行為之後，才能訂立規範。」

俠客問：「那麼法律就不可能做到真正的公平，因為總有一些人可以跑在法律尚未規範的前頭，而謀取自己的利益。」

韓非說：「我所主張的法治，是務實的作法，那是人群互動中比較公平的管理辦法。不是每個人都自私自利，但是絕大多數的人自私自利；不是每個人都是聖賢，也不是每個人都是十惡不赦、罪大惡極之徒。我提出來的治理辦法，在被管理者方面，是針對大多數的人，呈現他們實際的心理傾向、暴露出他們的行為慣性加以對治。在管理者方面，我既不涉及古代的聖王，也不是古代的暴王，而是針對中等之資的領導者所設計的制度。」

俠客再問：「既然你也承認你的法治構想，無法達到真正的公平，只是因應時代相對比較下的公平，為何不允許宗教、禮教、樂教其他的道德教化力量影響人心，使你所觀察到的心理傾向與行為慣性，在根源處就有所改變。」

韓非笑了一笑，接著說：「我不否認你說的那幾方面的確有它們影響人的力量；如果後世，我說的那些歷史因素、環境因素有大的變化，立法者可以改變、立法方式可以改變、法律的內容可以改變、執法的方式可以調整，法律與社會、經濟、道德、教育、宗教的關係可以改變；但是以法律對人群行為的規範與導向，卻不會改變。至於在我們所處的這個時代，我認為對症下藥的解決之道，就是我所主張的法治，以吏為師，以法為教。在欲望充斥人心的時代，在大欺小、強劫弱、眾暴寡、詐謀愚、貴傲賤的時代，只有讓『法』的權威高於一切，才能重新建立這個時代的新秩序。法治不是天下最好的制度，但卻是我們這個時代必須採行的制度。」

此時，忽然聽到守衛從遠處走來的腳步聲，俠客說：「我知道先生的想法了，你是不會放棄這次見秦王的機會的，是吧！」

韓非說：「感謝俠士拚死相救，每個人的使命不同，即使只有一線機會，我也要等待、把握。如果我不能說服秦王，或連見他的機會也沒有，就請你將今夜我們所談，讓後世的人瞭解吧！」

此時，忽然聽到守衛從遠處走來的腳步聲，俠客下跪行禮，說道：「先生，後會有期。」一溜煙竄上屋頂，消逝在黑暗的夜色中。

二、現代社會還需要法家哲學嗎？

法家哲學的精神在於透過法制來建立國家的秩序、維繫社會的公平正義，一方面有規範人民行為的功能，另一方面也有導引人們價值方向的作用。法家哲學從現代的觀點來看，它的特色有：

其一，強調法的周遍性，也就是現代法律思想中的「罪刑法定主義」。亦即罪、刑須由法律規定，法無明文則不為罪，法無規定則無刑罰。韓非說：「使人無離法之罪，魚無失水之禍。」韓非用魚與水的關係為喻，說明人民要生存、國家要發展，「法」是必要條件，有了「法」就如魚得水一般，可見「法」的重要性。並且韓非主張「法」要做到對人行為全面的規範，只要「法」所沒有涵蓋到的部分，就不能判罪，這雖然是一種理想，但卻是韓非法家哲學的思想特色。

從現代社會來看，「罪刑法定主義」可保障人民在社會中行動的自由，不會被隨便羅織罪名，特別是對於保障人權方面非常重要。「法」的周遍性也是我們現代民主法治社會所需要的，因此立法的速度一定要趕得上時代的變化；例如：網路時代的科技產品日新月異，隨著新產品的新功能出現，網路犯罪的方式也就推陳出新。如果立法速度趕不上時代的變化，「法」的規範內容無法涵蓋新的犯罪行為，「罪刑法定主義」反而會是保障罪犯的利器。當然，為了立法的速度達到相當的周遍性，也不能犧牲立法的品質。所以，「法」的周遍性至今仍然是現代社會所追求的目標。

其二，重視「法」的價值根據，法律所執行之賞罰與毀譽要相應。賞罰的標準是由統治者所訂立，賞罰標準的根據為某種價值判斷或價值取向，然而統治者與被治者的價值取向未必相同，當兩者有差距時，賞罰的權威性就面臨挑戰，如果硬是用權勢的高壓手段，強迫人民服從，必然累積民怨、醞釀政治危機，一旦爆發，政權將會轉換重組。韓非對這種情況有深刻的認識，他說：「賞者有誹焉，不足以勸；罰者有譽焉，不足以禁。」也就是對受賞的人有所非議，就不能鼓勵臣下立功；對於受罰的人有所讚揚，就不能禁止奸邪的事情發生。因此在訂立法律的賞罰內容時，一定要與社會上的是非標準或價值取向相同。

法律本身的價值根據與合理性標準，在現代政治仍然也是必須重視的一環，好人有好報，壞人有壞報，該報不報或者太晚才報，都會引發民怨。這涉及了人對公平性的要求，以及賞、罰刑度與功、過的比例原則。然而，公平性的衡量又會因合理性標準的不同而不同，例如：有人認為殺人者死，乃是天經地義，理所當然。但是也有人認為殺人行為既然為非，豈可再以錯誤行為加諸犯人。因此在現代，我們面對法律所執行之賞罰與毀譽要相應的要求，需要有更多面向、更深刻的思考，以尋求共識。

其三，主張人君任勢而集權，韓非深知權力是「法」之所以能夠推行的後盾，他說：「勢位足以屈賢。」管理者未必是最賢能，但是，勢位卻可使更有品德、更有智慧的人聽命於管理者，這「屈賢」是權力的第一功能。韓非又說：「威寡者，則下侵上。」管理者要制服群臣必須要有足夠強大的威勢，因此權力的第二功能在於「制臣」。韓非說：「民者固服於勢。」因此權力的第三功能在於「服民」。當全國臣民不論賢不肖都服從國君的權勢之下了，就可以推行法治，如韓非說：「勢足以行法。」進而可以集中國力從事生產、加強國防，富國強兵。是故，韓非主張任勢而集權，只有權力集中才能達成安國、安民的目標。

集權雖然有利於管理，也是有效率的組織運作方式，但是集權也會導致獨裁以及對於人民人權的迫害，為現代社會所不取。現代社會的民主運作方式已經採取分權制衡的方式，在臺灣行政、立法、司法、監察、考試，將原本的集權，分化為五種相互制約、相互合作的權力運作模式。這種模式決策的過程比較緩慢，但是都有民意的基礎、理性的論辯，以維護多數人的權益，避免集權暴政。韓非的集權思想雖然不為現代社會所取，但權勢思想在現代還是有值得注意的地方。例如：民意會因為造勢的成敗而轉向，從選票可以反映民意，權力又來自民意的賦予，這也就代表著有勢者有權，其中媒體就是現代的造勢工具之一，如何運用媒體、利用媒體造勢，也就成為現代社會取得權力的重要因素。

其四，韓非提出「抱法處勢」的理論，韓非有意將權力置於法制的軌道上，一方面使中等之資的國君可以依法治國，另一方面也透過「法」的約制來防止權力的濫用，但是，由於立法權操在國君的手中，因此韓非雖然提出「抱法處勢」的理論，但是所抱之「法」既然來自國君，對於國君權力的約制效果就有限了。這裡也可以看出，法家的「法治」與民主政治的「法治」不同。雖然韓非主張「法」所訂立的內容要符合人心，要同於一般民眾的價值觀，但是立法權、行政權、司法權都操在君主手中，如此一來法治就有可能轉為獨裁專制的工具。

因此，現代社會在原則上會接受韓非的「抱法處勢」，但是立法機構必須是由民意代表所組成，而非君主一人。此外，權勢既然由法律來規範，對於所有足以造勢的相關因素的運作方式，如大財團的政治獻金、媒體的報導方式、報導內容，也都需要法律訂立明確的規範。

其五，強調君主以術御臣，由於君主一人無法事事兼顧，他必須要用人辦事，如此必然要將他的權力分散出去，一旦群臣握有大小不同的權力，除了為公辦事之外，也會隨著權力的運用，累積更多的人脈、權勢，加上人性的自私自利，難保臣下不會藉機奪權篡位；因此，在此一現實考慮下，韓非書中論及「術」的篇幅最多最大。「術」是人君暗中御用群臣，其中論及如何知人善任，運用人性心理的各種傾向來統御臣下，為求達到防姦與責效的目的，涉及明知故問、多方考驗、明查暗訪、掌握實情、激勵、警告、威脅等等，雖然希望臣下能對君主效忠盡力，加強行政效率，但出發點是基於人性自私，彼此不能信任，再以「術」的不斷使用，使君臣互不信任的關係越演越烈。

現代社會的管理是否仍然需要用「術」？如果將「術」視為達成目的的方法、溝通的技巧、對治人性弱點的處方或管理的藝術，則可以有條件的用「術」；這條件是什麼？簡單的說就是「以誠用術」，也就是用「術」的動機不能害人，用「術」所達成的目的必須有利於人。在今日已無君臣關係的現代社會，軍、警、公務員應效忠於國家或全體人民，而不是國君或各別長官，公共的事務乃是為多數人謀福利，為了達成公利的目標，面對不同的情境、不同的對象、不同的事務，在「誠」的前提下，可以運用靈活的方法達成。

其六，於法、術、勢綜合運用之權衡，由於「法」對於「術」與「勢」有規範作用，而「勢」與「術」對於「法」僅有輔翼作用；從規範作用看，君主不能用「術」來謀求一己的私利，做不擇手段的事情。至於「勢」，也是受到「法」的規範，所謂「抱法處勢」，也就是權勢的根據在於「法」的規定。從輔翼作用來看，「勢」是行「法」的力量，「術」是行「法」的方法。因此，在法、術、勢綜合運用之權衡時，常是以「全法」為優先考量。在執行面，韓非的觀點強調不能為求全面的圓滿而猶豫不決，必須當機立斷，視其功之多寡、害之大小而積極斷事有為。因此，韓非說：「法所以制事，事所以名功也。法有立而有難，權其難而事成則立之；事成而有害，權其害而功多則為之。無難之法，無害之功，天下無有也。」韓非認為要想面面俱到，各方都能滿意那是非常困難的事，例如立法來規範臣、民的行為，必然會碰到許多困難，甚至有一些害處。例如一些既得利益者會不甘於制度面的變更所造成利益的損失，便有可能聯合起來反撲改革者。但是只要能把事情做好，整體來看利大於弊、功多於害，就努力去做。因為天下根本就沒有「無難之法，無害之功」。

韓非舉例指出：聽說從前古代名醫扁鵲療治痼疾時，插入刺骨的刀子；聖人挽救危難之國時，進獻逆耳的忠言。刀子刺骨，身上一時劇烈疼痛，病人卻能換來長遠的好處；忠言逆耳，君主心裡頗為難受，國家卻能得到長遠利益。因此，病危傷重之人從劇痛中得到好處，勇猛剛毅的君主為得國家長遠的利益，就不怕逆耳的忠言。病人忍住疼痛，這樣扁鵲才能竭盡技巧；君主不受忠言逆耳的影響，就不會失去真正的忠臣；這是長治久安的方法。如果人生病了，卻無法忍受疼痛，良醫扁鵲的技巧就無法施展；國家危險了卻排斥逆耳的忠言，聖人謀國的忠心就無法進獻、施展。這樣一來，就不能獲得長遠的利益，也無法建立永久的功名了。

韓非對於權衡的看法，所強調的是一種果斷性、積極性，了然於事態發展中所必然存在的利、害兩面性；而人必須主動的作出抉擇，不可猶疑不定，因為過度求全之權衡而延宕抉擇，反而不利。韓非的權衡根據在於「道」，而其權衡的標準則在於「法」，韓非說：「因道全法，君子樂而大姦止。」由此也可見「道」與「法」的關係。基本上，韓非認為人都是自私自利的，唯有透過「法」的強制性來規約人民的行為，進而達成君主富國強兵的目的，並且他主張厚賞重罰，才能收治亂之效。只要有合宜的「法」，就可依法行事，成為權衡的標準。

現代社會人際間權利義務關係複雜，權衡是一定需要的，但是是否皆以「法」來作為權衡標準，則有可商榷之處。因為「法」的內容也必須要有時宜性，隨著時代的變化而變化。現代社會對於法的內容、由誰訂立、如何訂立、何時訂立需要多方權衡，法律與道德、教育、經濟各方面的發展也都有密切關係。

人並非孤獨的存在者，他是生存在天地之間、生活在人與人之間，一種追求意義的存在者，人對於自己的行為會不斷的反省與調整。我們學古代人的智慧，並不是照單全收的效法，重點在於我們透過古人的思想而瞭解到人性的各種面向。事實上，在現實的生活中，我們會發現某些人，他所表現出來的某些特質與古人類似。有些人，在某些情境，可以用儒家的思想來管理，可以有很好的成效；有些人，在某些情境，可以用道家的思想來管理即可奏效；有些人，在某些情境，卻要用墨家的思想來管理才行。當然也有些人，在某些情境，要用法家的思想來管理才有效。可說是因人、因情境的不同而各有差異的。韓非的思想使我們更深刻的瞭解到，人在政治權力與利害關係下的人性內涵，使我們在面對不同情況、不同對象、想要達成不同目的時，韓非思想在現代提供了可資參考的參照系，現代社會仍然需要法家思想。

三、如何運用法家哲學？

韓非的理論建構，有幾方面的特徵與步驟：他著眼於大多數的人，掌握大多數人的行為；找出大多數人行為的直接原因；針對該原因進行制約、激勵的制度設計，並且積極排除施行上的阻力。其作用在對於大多數人的行為進行規範與引導，目的在於鞏固君權，富國強兵。

至於韓非的思想的定位，可以用他的「權衡」思想來看，也就是在戰國時代，曾經提倡過的儒家心性之善、墨家的天志之義、道家的無為自然來對治於韓非所處時代問題都無效時，韓非做出了他的「權衡」，就是以法家的法、術、勢來行富國強兵之道。我們從韓非思想權衡的角度予以定位，所展現的思想特色有哪些可以運用於今日呢？

「權衡」是每個人、每個管理者都需要學習的、面對的，人是一種擁有太多理想，對於外在世界有太多期待的存在者。我們經常希望外在的世界，外在的人、事、物，依照我們的要求實現。一個人在面對家庭時如此，面對社會時如此，面對國家、天下時也是如此。然而人生不如意事十之八九，他必須要割捨一些他不願割捨的東西，可是為了更大的利益，更有效的成果，他必須做出「權衡」。因此，「權衡」意謂著在一種動態的情境、連續發展的現象中，因著人的某些作為，而使環境中的事態因著人的參與而有新的變化。

人的期待與理想來自他的欲望、感性、理性、意志、靈性……人性中的許多層面，以及這些層面因素的糾結互動；「權衡」的進行一方面受到人性中眾多因素的影響，另一方面「權衡者」也以超然的姿態，審視人、我，己、他在環境中的處境與發展方向。事態發展方向的規劃又根據「權衡者」的價值觀而定。一個人在複雜的世界現象中要能夠進行合宜的「權衡」，從韓非的思想來看，在方法上有以下幾方面：

其一，要對連續現象的時空範圍做出切割。為何必須切割？因為無限綿延的時空，無法在當下或當時代做出權衡，權衡的作用其實就是：「為達成某一目的，要做出現在要做什麼的決定。」包含實踐之前奏、實踐之進行與成果的評估。所以韓非的思想架構中很重要的一部分是「歷史觀」，他將歷史劃分為上古、中世與當今之世。不同的時代要面對的問題不同，解決的方法也不同。如此可以支持他提出不同理論的根據。若運用於今日，一位領導者或管理者必須對他所管理的組織做歷史發展的類型分類，並對各階段發展的相關性進行考察；或者應用在一個個案發展階段的歷程分析與關聯性探討，且要從這些線索中找出歷史教訓與智慧，也就是歷程中要素的變與不變，問題與困難的變與不變，答案與解決之道的變與不變；若變，是為何變？要如何變？變化過程中的影響是什麼？阻礙變化的因素為何？如何排除這些阻礙？變化的階段性完成的結果如何？……等等以運用於當下之問題與困難的解決。例如：都市發展的規劃，以未來五年與未來三十年發展的需求，所進行的權衡就不一樣。地方首長的任期會影響到他在規劃都市發展時爭取政績的權衡時空範圍設定；政黨輪替，各政黨為爭取執政權，面對選舉前民意的走向，也會有不同的權衡時空範圍；如此一來會造成許多問題，例如大樓蓋太多，相對的交通建設不足；或者文化中心蓋在不適當的地點，變成無人管理的蚊子館；大學核准興建設立浮濫，造成教學資源浪費，且未考慮二十年後少子化的衝擊情況；臺灣水資源的浪費，濫墾濫伐，造成將來無水可用……等等，執政者在當時推出這些政策時，獲得一定的好評，也可以轉換為選票，成為執政的保證。可是，從現在看來，這些都是短視近利的決策，太過狹隘的時空範圍設定所造成的問題。這些問題要從更後設或更高的觀點來看，制度設計者為了避免大家走短線的政治慣性，必須考量如何使長期發展、延續性的政策，不受到民意流動、政權轉移的影響，因此，如何在制度面就能避免臺灣或世界民主制度運行時所呈現的弊病。這又是制度設計者所必須做的「權衡」。

其二，在事態因果關係的網絡上做出限制。為何必須做出限制？因為因果網絡也是無窮無盡，如佛家所謂「因緣合和」而成。如果「權衡」是：「為達成某一目的，要做出現在要做什麼的決定」，就只能找出最有影響力的幾個關鍵因素，進行對治。例如韓非所見之「人」只有自私自利的行為傾向，而導致這種傾向的是「欲望」；任何人際關係都無法脫離這種自己為自己好處而行為的情況，韓非不看重儒家所肯定的道德心性，因為那是對少數人才有的行為影響力，對大多數人而言，那只是個說詞或理想，所以在韓非看來，人的欲望才是最需要對治的關鍵因素。應用於今日當我們在權衡一件事時，我們也要做因果系列的限制，但是在限制範圍區隔之後還要做必要的擴展，以研判這些關鍵因素對治的副作用或負面效果為何，再進一步調整對策。也就是多層次的動態調整因果系列範圍；針對我們所最在意的事態做出第一層次的因果範圍，在其中進行新作為，不論人事的調整、制度的興革、政策的推動、教育的提升，我們在第一層次因果範圍做出成效評估之後，一定要擴大到第二層次因果範圍進行評估。例如教育改革，第一層次因果範圍只放在小學階段，但要逐步擴展到中學、大學、社會的因果脈絡關係。第二層次要從教育體系的因果關係擴展到政治、經濟、法律等體系的因果範圍進行評估。

又如韓非「自為的人性論」只重視人性中的欲望層面，而忽視理性、道德性或靈性層面，我們在做權衡時的因果關係拓展，在人性部分就要考慮人性內涵的這些不同層面。至於如何考慮或如何評估，又涉及對於時空範圍的切割與延伸；簡單地說也就是：「在什麼時段、在什麼區域要做什麼改革；這種改革在下一時段會有什麼影響，各情況會產生哪些新的變數，要如何對治。」例如：人在飢寒交迫時，食物、安全的需求最迫切；人在飽足、安全的時候，有發展性的自我實現要求最迫切；接下來是發展機會的公平性要求最迫切；再來是生命意義或心靈歸宿的信仰需求……等等；因此執政者、管理者在進行「權衡」時，一方面是要截斷時空與因果系列，但另一方面也要做不同範圍、不同階段的對比關照；才能將人為的制度改革所帶來的負面作用減少，就像韓非的法家思想，雖然在戰國時代發揮了建立秩序的極大效果，但是畢竟無法成為長治久安的主流思潮。

其三，權衡標準的價值根據要清楚。為何必須清楚？因為這個權衡的結果是落實在許多行為者身上，這個價值根據也必須是對眾多人有效或共識的根據。對韓非而言，這個權衡的價值根據就是「道」。「道」在道家是萬物的根源、萬物變化的規律、人事上也可從道的律動與方向，找出有利於人的行為準則或規範，例如：《老子》所謂的：「反者道之動，弱者道之用。」韓非將「道法自然」轉化為「道為自然法」，道本身的可效法性，轉化為人為訂立的國家法律，使法律的根據具有更高的權威性，以取代墨家的「天志」或儒家的良心。

基本上，墨子的「天志」思想與孟子的良知、良能都有相當的模糊性，例如誰能代表天的意志？誰說的算數？又誰都可以說他的所作所為是依良心而做，但要如何分辨？因此韓非不採取超越性的宗教信仰「天志」，也不採取內在性的道德良知，而是採取客觀性、明確文字化的法律，作為行為規範的標準；這法律的標準又是根據事物變化的規律之「道」，而這「道」像春、夏、秋、冬四季變化的規律，在他們的那個時代是君主或臣民都可以觀察到的，也就是人的自私自利、趨利避害的心理傾向，因此「法」的賞罰可用，而立法者就是君主，他有至高的權威也有相當的明確性。

雖然，在韓非的理想中，訂立法律的君主應該是個體悟大道者，如他說：「道者，萬物之始，是非之紀也。是以明君守始以知萬物之源，治紀以知善敗之端。」君主要守住「道」，運用「道」的動向、規律而使自己掌握好壞的端倪。但道家所謂的虛靜體道功夫，已經被韓非轉換為一種方法或手段，為使君主不窮於智慧、不窮於能力、不窮於名譽，而能法道而行、依道立法。不過，韓非也無法否認大多數的領導者只是中人，這些君主也只有中等之資，他們與大多數人一樣，會受到自為心的影響而自私自利，韓非希望君主能把國家當成君主自私自利的範圍，當君主在謀求富國強兵的個人私利時，同時也就是在謀求人民百姓的公利。可惜，在現實上，韓非的設計中，君主的集權與獨裁就算能使國富兵強，也不能帶給人民百姓長治久安的福祉。

如此，要將韓非的思想應用於今日，在規範行為的方式上，我們一方面要用法律的明確性，但我們也要注意法律背後所根據的價值依據，必須是人們心靈共識的部分才能發揮效果，然而當我們追問人類心靈的共識是什麼時，我們又不能排除超然的根據與內在的道德意識，這就必須對於人類的心靈結構以及超然根據的研究有進一步的探索，並且要研究如何使用文字在法律中，彰顯這兩個層面的精神與意義。

其四，要求「權衡」的目的必須明確。為何必須明確？因為權衡本身就有時間上的迫切性，如：生存受到威脅、利益會有重大損失、國家可能滅亡等等急迫的狀況出現，因此權衡的目的必須能解除上述這些威脅，改善原本不好的狀況，當目的明確時，才有可能使有權力者願意執行新的方案，使人民大眾為了共同認可、有價值的目的而奮鬥。應用於今日我們可以將國家社會所面對的問題，進行層次區分，並找出所欲解決的根本問題或階段性的重要問題為何？作為群體共同欲達成的目的。例如韓非思想的目的在於維護君主的政權，就其優點來看，他設想到組織的分工、因能而授官、循名而責實，透過一定的法規體制而使一個國家運轉，以使國家富足強大；但從缺點來看，法律也有可能淪為君主專制獨裁的利器，無法保障人民的權益。然而我們現代的政治目的卻在於保障人民的個體生命、個人的人權、提升人民生活的品質，在物質生活、情感生活、道德生活、心靈生活各方面得到平衡與安頓；不僅提供人民的生活需求，也提供人民的意義需求、價值實現。因此，現代政治所要達成的目的更多元，需要運用的方法也更複雜。其實古人、今人都有共同的渴望，就是追求幸福的人生，只是幸福的內涵在不同的時代、不同的區域、不同的人身上，展現出不同的內涵與不同的要求。

從「權衡」來定位韓非的法家思想，可以提供一些新的想法，今天我們在面對法律時，可以有一種瞭解，那就是：「法」是相對的，「法」相對於各時代中的環境變數、潛在人性實現比例變化而訂立的行為規範；法律的價值根據也不是絕對的，會隨著時代思潮的主旋律擺盪，因此法律對於人們行為的引導也會有其誤區。法律一方面要有穩定性，不能朝令夕改；另一方面也必須要有時宜性，必須隨著時代的需要而調整。換句話說，法律是在穩定性與時宜性的張力下，相對地規範人的行為、引導人的行為。一個社會如果完全寄託於法律建立秩序，將會失去秩序。我們必須進一步找出變與不變的張力因素，這是反省韓非思想所提供的現代觀點，特別值得我們深思。中華文化博大精深，中國古代還有許多智慧值得我們探究挖掘，若要解決今日的問題，必須借鑒古人的智慧，曾經在歷史上所謂的「儒皮法骨」、「陽儒陰法」已不足以應付今日的難題，我們需要更多元的思想來處理人類今日所面臨的挑戰。

×××××××××××

當你讀完這本《韓非，快逃！》後，我們可以用一句話來說：「韓非是個應變而變的典範」，有值得我們學習之處，也有需要我們批判的地方；就批判的形式而言，正如韓非對儒、墨各家思想的批判。就批判的內容而言，我們也要針對韓非的君主集權、獨裁的狹隘、不合時宜的部分予以拋棄。

最後，我們再想想，應變而變的主體所顯示的哲學意義為何？「人」這個主體他是被動的也是主動的，他被環境影響，也被他所稟賦的心性或各種心理傾向影響；但是他一直在被動中爭取主動的可能，不僅要超越外在環境的限制，更要超越他自己所是的內在限制。這個應變而變的主體，雖然是一個個體，但是他的存在意義始終與群體有關，他的自我實現常常是要在對群體或者是人類全體有所貢獻的情況下，才能獲得或接近生命終極意義的滿足。韓非雖然被很多人提醒，不論出於好意、鄙夷、惡意的提醒，但是他是勇敢地面對了他所處時代的挑戰，他沒有逃。

那我們呢？……

烏龍邏輯？

劉福增 著

國際知名邏輯學家丘崎教授應殷海光教授之邀，到臺灣進行學術交流。研討會結束後，一邊欣賞寶島風光、一邊談著范恩圖解、選言三段論法……基本邏輯的趣味就在笑談中——展現，發現，原來邏輯就在你我身邊！

人心難測——心與認知的哲學問題

彭孟堯 著

身處現代社會，我們夢想創造出會思考的機器人，更夢想著有一天機器人能夠更像人：除了思考，還有喜怒哀樂。人類真能辦到嗎？本書以哲學家對這些問題的討論做了些整理，讓讀者對人類價值作深切反思，亦是開拓視野的閱讀經驗。

希臘哲學史

李震 著

了解哲學能更了解生命，古希臘哲人們的學說是如何發展、如何影響後世？本書剖析古希臘哲學各家各派，並旁徵博引各古書斷簡，將形上學的超越精神，簡明清晰的呈現在讀者眼前。